海を渡った7人の侍

大和証券シンガポールの奇跡

野地秩嘉
Tsuneyoshi Noji

プレジデント社

登場人物

WCSとはウェルス・アンド・コーポレート・クライアント・ソリューションズ。
大和証券のシンガポール支店とも言える
「大和証券キャピタルマーケッツ・シンガポール・リミテッド（DCMS）」の
富裕層向けビジネスのセクションだ。
DCMSは大和証券グループの海外拠点で、
投資銀行、証券、債券売買などの金融サービスを行っている。

（※本書の登場人物における役職・肩書は、すべて2024年4月1日時点のもの）

大出真之

Masayuki Oide

千葉県流山市出身。シンガポール歴5年。金融一家のなかで育ち、妻も金融系。「継続は力なりを地で行き、ひとつのことを徹底する性分」とのこと。大和証券YouTubeに出演し、シンガポールを紹介している。あくまでわたし個人の感想だけれど、動画で見るよりも実際に会った方が好男子である。

森本博仁

Hirohito Morimoto

兵庫県三木市出身。シンガポール歴7年。父親は陶芸などのアーティストだったが、若くして亡くなり、母親が細い腕で彼を育て上げた。だから親孝行。趣味は現代美術の鑑賞。ごく少数にしか通じない趣味だが、顧客のなかに現代美術好きがいる。

箕田一勇也

Hyuya Minoda

三重県津市出身。シンガポール歴2年。ひゅうや、と読む。シンガポール生活に人一倍苦労した。師匠はアイ・ラブ・ユー作戦の平崎。師匠の献身的な指導もあって、この2年で著しい成長を遂げた。彼の口癖は「周りに感謝」である。

遠藤 亮

Akira Endo

新潟県出身。大学時代、スキーばかりしていた。WCSとしてのシンガポール在住歴は3年だが、かつて、5年間、同地に赴任していたことがある。その時、「シンガポールっていいな」と感じたから、あらためてやってきた。債券業務に精通している男。

有田謙吾

Kengo Arita

東京都足立区出身。シンガポール歴1年。やってきたばかり。真面目な好人物で、真面目な顔をして冗談を言う。「えっ、有田さんでも冗談を言うの？」と聞いている方はふと、不安になる。冗談なのかどうか、一瞬、判別できず、笑う機会を逃してしまう。

酒井祐輝

Yuki Sakai

兵庫県神戸市出身。シンガポール歴5年。前の職場は個人向け営業（リテール）ではなく、法人向けの仕事だった。シンガポール国立博物館にあるトーマス・ラッフルズ卿の肖像画に似ている。ラッフルズとはホテルの名前ではなく、植民地シンガポールを建設した人物。

平崎晃史

Koji Hirasaki

東京都出身。シンガポール歴9年。奥さんは台湾人。双子の子どもと下の子が1人。愛される営業パーソンだ。彼は自ら編み出した「アイ・ラブ・ユー」作戦で顧客を開拓し、業績を上げている。

山本幸司

Koji Yamamoto

WCSの部長。シンガポール歴11年。WCSの前身セクションが赤字だった頃にひとりで赴任してきたドメスティックな営業パーソン。昭和スタイルの営業で、じりじりと前に進んできた。仲間が増えて喜んでいる。

平松 勉

Tsutomu Hiramatsu

大和証券キャピタルマーケッツ・シンガポール社長。海外駐在経験はフランス、アメリカ、ミャンマー。一貫性がない駐在地で仕事をしてきた。父親はゴルフのプロで、兄もティーチングプロ。本人のゴルフの腕前はプロ並みとは言い難いが、プロ並みではないからこそ、顧客やゴルフ仲間には好かれている。同伴者のクラブをあっという間に磨いてしまうサービスの達人でもある。

登場人物

6人の営業パーソンを育てた人たち

岡 裕則
Hironori Oka

大和証券㈱ 執行役員副社長

入社以来、ほぼ海外勤務。日本にいたのは3年ほどしかない。副社長として海外を担当している。住んでいるのは香港。苦労人。バブル崩壊後、金融商品の値下がりでありとあらゆる顧客から怒られた。

日比野隆司
Ryuji Hibino

大和証券㈱ 特別顧問
大和証券グループ本社 特別顧問 兼 取締役

前会長。アジア展開の急拡大とリーマンショック後のリストラに深くかかわる。シンガポール現地法人の年末仮装パーティが好きなので毎年欠かさず参加している。

中田誠司
Seiji Nakata

大和証券㈱ 代表取締役会長
大和証券グループ本社 取締役会長 兼 執行役

2024年4月より会長。先の見通しが立たず、閉鎖さえ検討されたシンガポールの富裕層向け個人営業部門(WCS)にチャンスをあげようと言った。

小林雄道
Takemichi Kobayashi

常務取締役 プライベートバンキング 兼 WCS担当

営業企画と支店営業が長い。「コバやん」と呼んでくれと部下たちに伝えたら、「常務」と呼んでいた部下の多くが「コバやん、例の件ですが」と自然に言うようになった。

登場人物

山本文恵
Fumie Yamamoto

在星11年目に突入。来た当初はGrabもRedMartもなく、ここ10年でのシンガポールのオンラインサービスの発展を目の当たりにしてきた。また、多様性のある国での子育て経験により、多少のことでは動じない精神力を身につけた。

営業パーソンを支える家族

森本南海子
Namiko Morimoto

在星7年、最初は不安だったものの、シンガポールの住み心地の良さ、支え合える人たちとの出会いがあって、ここが好きになった。日本にはない環境での生活の経験が、家族にとって貴重な学びとなると信じている。

Prologue

プロローグ

それは奇跡と言っていい

マレーシアのゴム園からシンガポールに来た

2022年の夏。

わたしにとって6回目のシンガポール滞在だった。初日の夕方、閉館間際のシンガポール国立博物館で友人のケルビン（仮名）と待ち合わせた。

国立博物館はマリーナベイ・サンズ、ガーデンズ・バイ・ザ・ベイ、動物園のナイトサファリなどと比べると人気がない。空いていて、いつでも入ることができる。けれどもシンガポールにある観光スポットのなかではもっとも飽きない。わたしは都合、6回、シンガポールに行っている。本を書くために3週間いたこともある。

マーライオンは一度、見れば十分だ。ガーデンズ・バイ・ザ・ベイもナイトサファリも2回は行かない。ギャンブルをやらないからマリーナベイ・サンズも屋上プールを見学すればそれで十分。

ところが国立博物館は何度も行くことができる。そこへ行けばシンガポールの国の成り立ちをデジタル・インスタレーションと動画で見ることができる。国を作った若きリー・クアンユーが血涙とともに演説しているニュース映画のシーンも見られる。流行の先端を感じるカフェもある。帰りにはガイドブックやYouTubeにはほとんど出ていない貧乏くさい造りのバクテーの店に寄ることができる。ローカルの労働者しかいない店で、しょっぱいスープだけれど、ライスにはぴったり。

話は戻る。中華系シンガポール人のケルビンは50歳。精肉工場を3つ、飲食店を二十数軒経営している。

彼は博物館のなかにある「シンガポール・ヒストリー・ギャラリー」に立っていた。こっちへ来い、この展示を見ろというように手を振った。展示のキャプションには次のような言葉が記してあった。

「植民地だったシンガポールの発展は、マレー半島のゴムと錫の輸出港だったことから始まる」

ケルビンはキャプションを指さした。

「私が生まれたのはマレーシアのゴム園だ。5歳から父親を手伝って、朝の5時に起きてゴムの木から樹液を採取した。生ゴムは気温が高くなると固まってしまうから、朝早く起きて採取するんだ」

ゴムの樹液をバケツ一杯集めて、それからゴム園のなかにある小学校へ行った。学校から帰ってきたら、文字が読めない母親と小さな弟の世話をしなければならなかった。12歳まではそういう生活をしていた。だが、ある日、父親が死んだ。自殺だった。

ケルビンに何が理由なんだ？　と聞いたら、「貧しかったからだ」とはっきり答えた。

それから学校へ行くことをやめて、父親の代わりに一日中、ゴム園で働いた。16歳の時、彼は家を出た。弟に母親の世話を頼み、ひとりでバスに乗ってシンガポールにやってきた。ホテルの雑用係になり、その後、料理人になった。20年間、働いて、副料理長になった時、わたしの友人（日本人）とふたりで精肉工場とレストランを始めた。朝から晩まで働いた。眠る時間を節約して働いた。そうしているうちにシンガポールの国籍を取り、妻と現在は成人したふたりの子どもを持つことができた。マレーシアのゴム園にいた母親と弟も呼び寄せた。

今では成功者だ。工場は3つになり、レストランはコロナ禍でも利益を上げた。

だが、2024年に「仕事は全部やめる」。

どうして？　と聞いたわたしにこう答えた。

「貧しく育ったから、自分がどれくらい金を持てばいいか、よくわかっている。私はもうこれ以上は要らないんだ。金持ちで生まれた人間のなかには自分がどのくらい金を持てばいいのかわからない人がいる。それは不幸だ。自分が必要とする金額がわからないなんて、貧しいことよりもはるかに不幸だと思う」

何をやるの？　引退してゴルフでもやるの？

ケルビンは笑った。

「はは、そんなことやらないよ。ほら、ゴム園で怪我したから足が悪いだろ。運動なんかしないよ。それより、これを見て」

スマホの画面をわたしに見せる。そこにはバナナの農園と掘っ立て小屋が写っていた。小屋の前で真っ黒に日焼けしたアロハシャツのおじさんとケルビンが並んで笑っていた。

「フィリピンだ。写っているのは教会と牧師だ。十字架が見えるだろ。私が自分の金で建てたんだ」

画面をスクロールすると、さらにふたつの掘っ立て小屋が写っていた。

「これはラオスにある教会だ。来年、ミャンマーにも作る。教会を20くらい作る金が貯まったから、もう働かないことにした。会社はすべて売ることにした。いや、妻は一緒には行かない。彼女はシンガポール生まれだし、金持ちのお嬢さんだからね。子どもはふたりとも今、兵役に行っている。帰ってきたらシンガポールで何か仕事をするだろう。私はひとりでフィリピン、ラオス、ミャンマーを回って教会を建てるんだ。ゴム園で働いていた頃から、金を持ったら教会を建てようと思っていた。私みたいな貧しい子どもの救いになるような教会だ」

大和証券シンガポールのWCS

立派だなあ、強い人なんだなと思ったので、その通りのことを彼に伝えた。

ケルビンはうなずく。

「強い。私は強いかもしれない。貧しさに負けずにシンガポールに来たから。だが、私だけではない。シンガポールには意志を持ってやってきた強い人間が大勢いる。シンガポールという国の強さは貧しい人間が志を持ってやってくることだ。マレーシア、タイ、インドネシア、フィリピンから貧しい人間がシンガポールを目指してやってくる。中華系だったら、頭がよければシンガポール国籍が取れる。アジアで生まれた強い人間だったらシンガポール人になることができる。私の周りにはそういうシンガポール人が何人もいる」

これでは、日本はシンガポールにはかなわない。ちなみにスイスのローザンヌにあるIMD（国際経営開発研究所）が行っている「世界競争力ランキング」の2023年版で、シンガポールは4位、日本は35位。1位はデンマークで2位はアイルランド。アメリカは9

位で中国は21位。同ランキングは「企業にとってビジネスがしやすい国であるか」「ビジネススキームを実行する環境が整っているか」などを調査して作られたものだ（２０２３年版は世界64か国が対象）。

なお、１９８９年から１９９２年まで、日本は世界競争力ランキングの１位だったし、１９９６年までは5位以内だった。

さて、そんな強い国で業績を伸ばしている組織がある。それが大和証券シンガポールの富裕層向けサービスを行っているＷＣＳ（ウェルス・アンド・コーポレート・クライアント・ソリューションズ）。現地法人や部署の名称には変遷があるが、読み易さを優先する。

２０１１年までＷＣＳ（当時の名称はＧＦＳ：グローバル・ファイナンシャル・セールス）は３人しかいないセクションで、本社幹部は「閉鎖しようか」と考えていた。

ところが、「最後にもう一度、国内からトップ営業員を異動させて勝負しよう」となり、年にひとりを派遣した。シンガポールにやってきた営業員は本社と国内支店のサポートを受け、さらに自分たちで営業方法を考え出し、10年ほどで預かり資産１兆円を達成してしまった。彼らが顧客にしたのはシンガポールに移住した日本人富裕層だ。それまでは欧米系プライベートバンクがしっかりとつかんでいた顧客たちである。

彼らの勝因は利益目標を掲げたことではない。利益目標よりも「お客さまのために」という理念を実現することを目標にしたからだ。売り上げや利益を第一にしたのではなく、顧客の困りごとを解決することで、業績を上げたのである。

これは何も特別なことではない。営業現場では数字目標を掲げるより、理念を作り、それを守る方がそれぞれの人間のやる気が出る。誰もが数字で尻を叩かれるのは好きではない。みんな、人が喜ぶ顔が見たいのだ。

日本人の強さはここにある

話はケルビンとの会話に戻る。

わたしは彼にこう話した。

「強い人間ばかりを集めたからシンガポールは国際競争力があるんだ」

ケルビンは不思議そうな顔をした。

「確かにシンガポール人ひとりひとりは強い。だが、チームや集団となれば日本人の方がはるかに強い。

その証拠に、集団になった日本人はリーダーがいなくても、瞬間的に判断して行動することができる。そんなことができるのは世界で日本人だけだ。

他の国の人間はリーダーが声をかけなければ動かない。シンガポールだってそうだ。ひとりひとりは強いが、リーダーが必要だ。シンガポールが成長したのは強い国民とリー・クアンユーという強いリーダーがいたからだ。ところが、日本人はリーダーを必要としない。自分の判断で集団として動くことができる。指揮者がいなくても演奏できるオーケストラが存在できるとするならば、それは日本人だけだろう」

ケルビンは「例がある」と紙に絵を描いた。テーブルを3つ、描いた。4席、2席、4席の図だ。

「これは私が東京の和食店に行った時の見取り図だ。その和食店の料金は高い。高級店だ。家族6人でドアを開けたら、4席、2席、4席が配置されていた。真ん中の2席には若い女性ふたりが座って、食事をしていた。女性の従業員が出てきて、『何名様ですか?』と私に訊ねた。6人ですと小声で伝えたが、6人の席がなかったから、帰ろうとしたんだ」

ケルビンの顔は紅潮した。手を振り上げながら話をした。

「その時だ。真ん中の席で食事をしていたふたりの女性客が何も言わずに席を立ち、それぞれが水の入ったコップを持つと、すっと隣のテーブルに移ったんだ。それを見た従業員は席の上にあった皿を片付けて、テーブルをくっつけて、たちまち6席ができた」

それが何か大したことなのだろうか。わたしはとっさにはケルビンが何を言おうとしたのか、それがどうして日本人の強さなのか、ちっともわからなかった。

わたしがその店で食事していたとしても、入ってきた6人客が当惑していたら、空いている席に移るだろう。そんなこと日本人なら誰でも普通にやる……。

わたしは言った。

「ケルビン、買い被りだ。そんなこと当たり前じゃないか。どこの国でも席が空いていて、客が来たら隣に移るに決まってる」

すると、ケルビンは激しく首を振ったのである。

「いや、ミスター野地、そんなことはない。日本でしか起こらないことなんだ。

私は先週、スペインにいた。レストラン経営者の大会があったんだ。その時、経営者仲間に、この話をしたら、全員が『ウソだろ』『客が自ら席を譲るなんてことはあり得ない』と言った。

いいか、世界中のレストランでは客はテーブルを買うんだ。そして各テーブルには担当のボーイがいる。ボーイは担当するテーブルに座った客からチップをもらう。客は座ったテーブルから移動することができないシステムになっている。店のマネージャーだってテーブルを買った客に対して『席を移ってくれ』とは言えない。

だが、日本では客は席を買うわけではないのだろう。そのこともわかっている。

それよりも私がびっくりしたのは日本人同士の連携だ。若い女性客は入ってきた6人客を見たとたんに、席を移った。従業員はそれを見ると、すぐにテーブルセッティングした。客と従業員は言葉をかけあったわけでもない。アイコンタクトで私たち家族の6席ができた。世界のレストランでは絶対に起こらない。万が一、席を作るとしてもマネージャーやボーイが出てきて大変なことになる。

日本人は当たり前のことだと思っているだろうが、世界の人間から見たら、とてつもないことなんだ。見ず知らずの他人と一瞬で集団プレーができるのが日本人だ。

これはすでに有名だけれど、サッカーの大会で、日本人の観客は試合が終わったとたん一斉にゴミを片付け始める。リーダーが声を上げなくても、日本人は瞬時にチームワークを作り上げてしまう。そんなことができるのは日本人だけだ」

わたしはケルビンの熱弁を黙って聞いていた。その時は半信半疑だった。

だが、大和証券シンガポールのWCSがやったことを知った今、日本人の強さは自発的なチームワークにあると思っている。誰かが声を上げなくても、集団の意思をそれぞれが理解して行動に移すことができる。それは確かにとてつもない偉業だ。ケルビンが言いたかったのは日本人の集団が持つ特性だ。

ちなみに、指揮者のいないオーケストラと言えば雅楽だ。どうやって曲が始まるかと言えば、太鼓（鞨鼓《かっこ》・三《さん》の鼓《つづみ》）奏者が指揮者の役割を担う。太鼓奏者が「打った」音に合わせて、他の奏者が演奏する。打つのに合わせるから、「打ち合わせ」。打ち合わせという言葉は雅楽から来ている。

これから書く大和証券シンガポールの富裕層ビジネスの営業員たちもそうだった。自分たちで打ち合わせして、バカになって突っ込んでいった。そのうちにバカな若者たちを面白いと思った顧客が財産を預けてくれるようになった。お互いがお互いを支えたこと、日本から彼らを送り出した本社や支店の仲間が応援してくれたことで結果が出た。WCSは今では大和証券シンガポール全体の半分以上を占める売り上げを上げるまでになった。

何が彼らをそうさせたかと言えば、それはやはり組織の強さを持っていたからだろう。追い込まれた現場で、誰に言われるでもなく、彼らは光が見える方向へ向かって一斉に走り出した。ただ、彼らが勝てる組織になった理由はたったひとつだ。

かつての大和証券シンガポールは売り上げを追求することしか考えていなかった。そして、売り上げが上がらなければそれを本社のせいにしたり、景気のせいにした。外部環境が悪かったから成績が上がらないんだと思っていた。

だが、それが変わった。

シンガポールにやってきたやり手の国内営業マンは売り上げを追求しなかった。「おもてなしスピリット」を掲げ、その理念を実現する組織になることを決めた。顧客の子息が通う学校の付き添いもやった。顧客が長い旅行に出ると聞けば留守宅へ行って換気をし、掃除をした。プライベートバンカーだからやったのではなく、顧客の困りごとを解決することが彼らの理念だったからだ。

商品を売ることよりも、顧客から相談される営業マンになっていった。だから、彼らは勝つことができた。

それは奇跡と言っていい。

勝てる組織になろうとするならば、理念を実現する組織に変わるしかない。

海を渡った7人の侍——大和証券シンガポールの奇跡［もくじ］

プロローグ

第1章

エピローグ

「生き生きしてるんだ、やつらは」

東京本社で／海外で働くことは日本を注視すること

Chapter

1

第1章

始まりはバブル

好景気が永遠に続くと思い込んでいた

横浜生まれの岡裕則が大和証券に入社したのは１９８６年。バブル景気が始まる直前だった。

それから１９９１年までの５年余り、日本は空前の好景気に沸いた。

１９８６年２月、トヨタ自動車が超高級車「スープラ」を発売し、あっという間に売り切れた。

５月、イギリスのチャールズ皇太子（現チャールズ３世）とダイアナ妃が来日した。ダイアナファッションが流行したとされる。エニックスがファミコン用ソフト「ドラゴンクエスト」を発売した。東京の港区赤坂・六本木地区に森ビルが開発したアークヒルズが完成した。大規模都市再開発のさきがけである。

10月、ＮＴＴが同社の株券を１株１１９万７０００円で売り出した（第一次）。受け渡し期日は翌87年２月のこと。初値１６０万円という高値で売買がスタートし、「買い」は止まらず、２か月後には史上最高値の３１８万円まで高騰した。ＮＴＴは当時、時価総額世界一の企業だった。

証券会社は空前の好景気の真っただなかにいた。岡が入社した1986年はそんな年だったのである。

大和証券の本社は東京の呉服橋にあった。本社に配属された岡は朝から新入社員らしく緊張した顔でデスクに座っていた。そして、午後5時になる。上司が「岡、行くぞ」と声をかけてきた。

ふと見ると上司は何がおかしいのか満面の笑みだ。笑ったまま言った。

「黙って付いてこい」

本社を出てタクシーに乗って銀座へ。大学を出たばかりの若者にとっては入ったことのない高級店で食事をした。大学生なら食事が終わるとうちへ帰るが、当時の証券マンはそうではない。銀座で食事をした後は、銀座の高級クラブだ。クラブへ入ったら、きれいなお姉さんが迎えてくれた。岡はむろん初めてである。席にはお姉さんたちが大勢座っていて、黒服がシャンパンを持ってきた。岡は「竜宮城のようだ」と思いながら、シャンパンを飲んだ。少し経つと上司が言った。

「次に行くぞ」。そして、また次の竜宮城へ。2軒、3軒は当たり前だった。最後のクラブを出てから上司とふたりでラーメンと餃子を食べ、ついでに冷えたビールを飲んだ。

岡は新入社員の歓迎会かと思ったけれど、そうではなかった。その後も同じような日々が続いた。たいていは外資投資家の顧客が一緒だった。強い酒と熱いスープで食道と胃を痛めつける日々だったのである。

今になって思えばコメディのような日々だ。だが、バブルの時代は証券会社の社員に限らず、日本中の社会人がほぼ全員、浮かれていた。だから、バブル景気と名付けられたのである。泡のような夢のような日々だ。

そして誰もが好景気は永遠に続くと勝手に思い込んでいた。

『戦後日本経済史』（野口悠紀雄・新潮選書）にはバブルの様相についてこう記されている。

「石油ショックによって欧米諸国の経済が見る影もなく沈滞するなかで、日本の経済力は日増しに増大した（少なくとも、そのように見えた）。

日本こそが未来の世界経済の中心になるだろう。なぜなら、『日本型経済システム』は、欧米諸国のそれより優れているからだ。

日本の企業では、経営陣と労働組合が対立しない。だから、労使紛争に明け暮れるイギリスでは望み得ない高成長が実現できる。そして、日本の経営者は、日々の株価に一喜一憂しなくともよい。だから、長期的な視点に立った経営ができる。株価から目が離せぬアメリカの企業が短期的業績だけを追い求めるのとは、わけが違う。このような考えが、日本の経済学者、経営学者によって主張された。海外の学者も、そうした意見に耳を傾けざるをえなくなった。
東京がアジアの金融中心地になるとも言われた。東京にオフィスを持とうとする企業が世界中から殺到するだろう。そうなれば、東京の土地の経済的価値はきわめて高くなる。だから、地価がいくらあがったところで当然だ。（略）
1986年には、第一不動産がニューヨークのティファニービルを1平方フィートあたり9599ドルという記録的な価格で買った。88年には、三菱地所がロックフェラーセンターを買収した。ハワイではホテルを、カリフォルニアではビルやショッピングセンターを買い占めた。アメリカの不動産に対する日本の投資は、85年には19億ドルだったが、88年には165億ドルになった。オーストラリアでも『ジャパンマネー』が土地を買いあさった。（略）
アメリカ合衆国の国土面積は、日本の約25倍ある。しかし、88年末で日本の土地資産は約2000兆円になり、アメリカの土地価値（約500兆円）の4倍になった。東京都を売ればアメリカ全土を買える計算だ。皇居だけでカナダを全部買えるとも言われた。（略）
1988年の末に、野村證券は2ページにわたる広告を世界の新聞・雑誌に大々的に掲載した。
『飛びぬけて高い価格を取り上げて、東京は高すぎるとか、市場が不安定だとか言い募る人々は、いまだにプトレマイオスの天動説を信じている人と同じ頑迷な懐疑論者』だから、『知識を深め、コペルニクス的な見方で自らを啓発しなければならない』と、この広告は断じた。

そして、『あなたはコペルニクスですか？　それともプトレマイオスですか？　自己啓発をしようではありませんか』と、全世界に挑戦状をつきつけた。

『日本の株価は、もう成層圏まで行ってしまったのではないか？』という投資家の不安に対して、証券会社の営業マンからは、『日本に限っては金融市場に重力の法則は働かない』という答が返ってきた。」

岡が入社した頃から5年間、日本の証券界は永遠に繁栄が続くと信じていた。株価は高騰し、また株式の売買も活発だった。新進企業の株式公開も多く、引受手数料も稼ぐことができた。なお、株式売買の手数料率は当時、高かった。料率は売買の金額によって異なるが、ネット証券が登場する以前、対面営業の手数料率は高く、証券会社は顧客に売買を勧めれば儲かったのである。

なお、日本で最初にネット証券を始めたのは1996年の大和証券ホームトレードである。ところが現在、ネット証券では売買手数料がゼロという会社も出てきているため、対面営業の会社でも手数料率は安くなった。

その当時、証券会社は中期あるいは長期の経営計画を発表していたが、弱気の見通しを立てていた会社はなかった。そして、大半の日本企業経営者は不動産、金融商品に資金を投入するのが当然と思っていた。いわゆる財テクである。財テクをしなかったのはトヨタのトップ、豊田英二などごく少数だけだ。おそらく、当時の経営者は次のようなヘブライ語の格言があることを知らなかったと思われる。

「人間は計画を立て、神は笑う」

岡はバブル期に入社し、海外へ渡り、バブル崩壊後にはさんざんな苦労をした。その後、着実に実績を上げ、シンガポールに住む日本人移住者向けのビジネスの基礎を作った。本社のサポート体制を整備し、国内から営業マンを派遣した。何よりも「おもてなしスピリット」という理念を伝えた。顧客のために働けと言い続けた。現会長の中田誠司とともに大和証券の海外富裕層ビジネスを育てた実質的なプロデューサーだ。

大和証券の歴史と就職人気の理由

では、岡が入った大和証券はどのような会社なのか。

同社の創業は1902年（明治35年）。歴史の教科書では日英同盟が締結された年として載っている。翌々年から始まる日露戦争の前夜である。

大和証券の元々の名称は藤本ビルブローカーだ。ビルブローカーとは手形仲買人のこと。藤本ビルブローカーは有価証券の取次を生業にして成長する。

第2次世界大戦中の1943年に藤本証券（藤本ビルブローカーの後身）は日本信託銀行と対等合併して、社名を大和證券株式会社とした。

社名にある大和は当時の日銀総裁だった結城豊太郎が「相和して大きくなる」との願いを込めたもの。願い通り、大和證券は戦後の高度経済成長とともに成長していった。

1961年には東証・大証・名証2部に上場する。1部に上場したのは1970年のこと。そして、バブル景気で利益を上げたが、その後のバブル崩壊で傷ついた。

1999年には社史に残る大きな変化があった。

まず大和證券株式会社の商号を変更して株式会社大和証券グループ本社となった。その意味は個人顧客に相対するリテール証券業務と機関投資家向けのホールセール業務の分社化だ。

リテール業務は新・大和証券がやることになった。一方、ホールセール業務は住友銀行（当時）との合弁会社、大和証券エスビーキャピタル・マーケッツ（大和SBCM）に営業譲渡したのである。

つまり、大和証券は持ち株会社制に移行すると同時に企業向けビジネスに関しては住友銀行と提携した。銀行と証券の強者連合を作り、金融界で確固たる地盤を築く戦略だったのだろう。一方、個人投資家を回るリテール業務はそれまでの営業部隊が続けることになった。

ただ、合弁は10年で解消されてしまう。

合弁相手は住友銀行とさくら銀行の合併で三井住友フィナンシャルグループ（FG）となっていた。リーマン・ショック後の2009年、三井住友FGは独自の戦略として日興コーディアル証券を子会社化する。そうなると、大和証券としては考えざるを得ない。三井住友FGの下に大和、日興というふたつの証券会社がぶらさがるような形になってしまうからだ。そのままで行けばいずれはひとつの会社になるよう促されるかもしれない。

そこで、大和証券は決断した。同年、三井住友FGとの合弁事業を解消したのである。

合弁期間は10年だった。大和証券はふたたびホールセール（法人向け）、リテール（個人向け）の両方を持つ独立した総合証券会社に戻ったのである。

この事実について大和証券の社史には「三井住友ＦＧとホールセール証券業務合弁解消」と一行、記してある。

対して、株式会社三井住友ＦＧのホームページ上の沿革を見ても、大和証券との合弁解消の文字は書かれていない。

「２００９年　日興コーディアル証券（現在のＳＭＢＣ日興証券）子会社化」とそっけなく書いてあるだけだ。

さて、創業からの大和証券の歴史を見ると、律義な会社というイメージを思いつく。同社は財閥系ではない。そして、野村證券のような猛進する営業マン集団とも感じない。大阪の独立系証券会社が独立心を保ちながらこつこつやってきたという感じだ。三井住友ＦＧとの合弁解消でも大切にしたのは独立心だったのだろう。

現在、大和証券は野村證券（野村ＨＤ）、みずほ証券（みずほＦＧ）、ＳＭＢＣ日興証券（三井住友ＦＧ）、三菱ＵＦＪモルガン・スタンレー証券（三菱ＵＦＪＦＧ）とともに、総合証券会社の大手5社に入り、業界2位だ。野村證券とともにメガバンクの金融持ち株会社に属さない独立系の証券会社である。

そんな大和証券は大学生たちに就職先として人気がある。

文化放送キャリアパートナーズが行った2024年卒業予定の学生を対象とした「就職ブランド調査［前半］」の結果を見ると、1位は伊藤忠商事、2位が日本生命保険、大和証券グループは3位だ。他にも同種の調査があるが、いずれも大和証券はトップ10に入っている。業界トップの野村證券よりも上位だ。さらに言えば、証券会社で就職人気の上位にあるのは大和証券と野村證券くらいで、他の大手はまず入ってこない。

どうしてそこまで人気があるのかを調べてみたら、穏やかな社風、そして、労働環境が整備されていることというふたつの理由が見えてきた。

穏やかな社風とは世間では証券会社全般がハードな営業活動をする会社と思われているからだ。対して大和証券は業界2位なのに、それほどアグレッシブではないと漠然とイメージされている。もっとも大和証券は頻繁にメディアに報道される企業ではないから、一般にとってはなかなかイメージしづらいとも言える。証券会社全般のイメージを作ってきたのはとにもかくにも野村證券だったからだろう。

大和証券は労働環境の整備については日本企業のなかでも進んでいる会社だ。社員のライフステージに合わせてさまざまな施策を考えて実行している。ホームページにはその考えについても記してある。

「大和証券グループでは、変化に柔軟に対応し、全ての社員が活き活きと働き続けられる環境整備を進めており、多様な人材が活躍できる高次元のワーク・ライフ・バランスを通じて〝誰一人取り残さない〟職場を実現することを目指しています。」

「誰一人取り残さない」とはさらに具体的に言えば、従来、証券会社に入った女子社員は結婚、出産などで職場を離れざるを得ないことが多かったためだ。また、両親の介護などでやめてしまう社員がいることも同社経営者は気がかりだったと思われる。

一部を抜粋するが、同社では次のようなサポートが行われている。

1 育児休職
女性についてはもちろん整備されている。加えて男性の育児休職は最大4週間の給与保障をしている

2 妊婦エスコート休暇
妊婦健診の付き添いや両親学級への参加、出産前の入院準備等の際に取得可能な休暇

3　短時間勤務制度
子どもが小学校卒業まで最大90分早く退社できる制度

4　所定時間外労働の免除・制限
子どもが小学校3年生修了までの期間、所定時間外労働の免除が可能。小学校卒業までの期間、所定時間外労働の制限が可能

5　看護休暇
小学校就学前の子1人につき年5日、子2人以上の場合は年10日まで取得可能

6　保育施設費用補助
子どもが小学校3年生までの期間、保育施設または学童保育にかかる費用を補助

7　ベビーシッター制度
子どもが小学校3年生修了までの期間、会社が契約するベビーシッターサービスを特別料金で利用可能

8　勤務地変更制度
結婚・配偶者の転勤・介護等の理由により転居が必要な場合に、転居先で就労場所を提供

9　配偶者転勤同行休職制度

10　配偶者の海外転勤等の場合に、最長5年間の休職が可能

第3子以降出生祝い金200万円
第3子以降の出生に際し、200万円のお祝い金を支給

11　介護休職
介護が必要な家族1人につき累計3年（1095日）以内、4回まで分割取得可能

12　介護時間
1日2時間以内、利用開始日から3年間取得可能

13　介護休暇
介護が必要な家族の世話や通院等の付き添い、手続きの代行等をするための休暇で、1年度につき5日取得可能（2人以上の場合は10日間）

14　介護帰省手当
介護のために帰省する際の交通費を補助

15　ライフサポート有給休暇
傷病、介護準備、不妊治療、子どもの看護のために休暇が必要な場合に取得可能（最大50日）

16　プロフェッショナルリターンプラン（営業員再雇用制度）

結婚・出産・介護等の理由で退職した社員を、退職時と同じ処遇で再雇用する制度

17　休暇制度の充実

結婚準備休暇やキッズセレモニー休暇（子どもの入学式などのための休暇）、ファミリー・デイ休暇（家族の親睦を深めるための休暇）、親の長寿祝い休暇（自身および配偶者の親の長寿祝いにあわせて取得できる休暇）、ボランティア休暇を定め、有給休暇取得を促進

そして、コロナ禍の前からテレワーク制度、フレックスタイム制度も進んでいた。

社員のモチベーションを上げる

3番目の子どもが生まれたら200万円で、4番目、5番目も200万円くれるなんて会社は稀だ。しかも、子育てに関する休暇の種類は多く、ベビーシッターの費用まで補助してくれる。現在の日本における最大の課題、少子化を少しでも止めようとするなら、すべての企業がこれくらいのサポートをするべきではないだろうか。大和証券は労働環境の整備では日本でも抜きんでた会社だと言える。

むろん、大和証券シンガポールを始めとする海外で働く社員にもこうした補助は適用されていて、さらに住宅費用、子どもの教育費用も補助している。

大和証券シンガポールの営業員が業績を上げた背景には同社が労働環境を整備していることが挙げられる。同社シンガポールの社員だけでなく日本国内も世界の他の国の社員たちもこれだけのサポートがあれば「やってやろう」と思うだろう。数字目標よりも理念の実現を優先することは大切だ。ただ、それをお題目にしないためには社員の生活をよく知り、さらに労働環境を整備しなくてはダメだ。

社員にやさしくしないで、「理念を実現しろ」と叱咤しても、やる気は出てこない。

1988年、岡、海を渡って香港へ

話は岡裕則の入社後に戻る。

バブル景気が続いていた1988年、岡は香港へ転勤となった。仕事はアジアの投資家に日本株を営業することだった。香港、台湾、フィリピンなどアジアに暮らす現地の機関投資家や富裕層に向けて、バブル景気で値上がりを続けていた日本の株を売りまくることだった。

その仕事は現在、シンガポールを拠点とする大和証券の富裕層ビジネスのプロトタイプとも言えるものだ。だが、当時の岡にそこまでの意識はない。無我夢中で毎日を過ごすしかなかった。

その頃、大和証券の香港オフィスには数十名の駐在員が在籍していたが、それぞれが担当するアジアの国へ出張し、全員が一堂に会す機会はほぼないほどだった。

香港オフィスに派遣された経緯について、岡はこう語る。

「バブル景気前は海外から日本株に投資していた外国人投資家や証券会社も、バブルになるとその多くが日本に上陸し、拠点を構え、日本株に投資をするようになりました。彼らは日本人の証券専門家を必要としていたため、大和からも多くの人材が高給で雇われ去っていった。当社としてもさらに海外から投資資金を呼び込むために多くの駐在員を海外に派遣したのです。入社2年にも満たない自分のような若造がいきなり海外に派遣されたのも、バブル景気で日本株が上がり続けていたから。多くの現地投資家もそれを求めていた。今では考えられないような現地大財閥のオーナーにもアポイントを取ることができ、一対一で会いに行くことさえ可能だったのです」

バブル景気がピークアウトする直前だった。日本株で人気だったのはウォーターフロント銘柄と呼ばれた首都圏の湾岸付近に不動産を持っていた企業である。鉄鋼会社、電力会社、化学会社といった重厚長大産業がそうだ。歴史のある企業が持つ不動産が値上がりしていたので、株価は不動産の含み益を見込んで高騰していた。東京に限らず都市近辺の値上がりしそうな不動産をたくさん持っている会社の株が買われたのだった。

機関投資家に日本株を薦めるために持ち出された指標が「Qレシオ」だった。通常、会社の業績とそれを反映した株価を説明する時に使われる指標は株価収益率（PER）だ。

今ある株価が1株当たりの純利益（EPS）の何倍なのかを見る。PERを見ることで、その株価が割安かそれとも割高かがわかるとされている。一般にPERの平均は15倍程度だから、それよりも高い株価は割高と判断されてしまう。だが、当時、証券会社が売ろうとしていた日本企業のPERは15倍どころか30倍、40倍だった。そうなると、海外の機関投資家はさすがに購入をためらう。

そこで証券会社はQレシオという指標を活用することにした。これは企業の保有資産と株価の比率だ。元々はアメリカの経済学者ジェームズ・トービンが投資行動を分析するために使ったものだ。保有資産がある会社の株は高くなる指標だから、湾岸に土地を持つ会社の株を薦めるのに恰好だ。Qレシオを使えば日本株は「まだ買った方がいい」と説明できる。そこで証券会社はPERでは説明のつかない高株価を正当化するためにQレシオを流用したのだった。

香港大和証券

香港にあった大和証券は現地法人で、銀行と証券の免許を持っていた。日本ではひとつの金融機関が銀行業務と証券業務を行うことはできないけれど、海外には両方の機能を持つ投資銀行がある。ただし、世界的な潮流としては銀行と証券の機能を分離させることを目指してきている。

日本株が値上がりしていたバブル期、海外に進出したのは大和証券だけではなかった。銀行勢も出てきていたし、証券会社も大手、中堅はほぼ香港に現地法人を持ち、銀行、証券業務をスタートした。なんといっても日本の株がバブルだった。世界中のどこの国の株より高騰していたのである。

当初、営業員たちは機関投資家をターゲットにしたが、Qレシオを持ち出してもバリュエーションが高くなり過ぎていたため、機関投資家たちは日本株に手を出さなくなりつつあった。

そこで、方向転換して、狙いを定めたのがアジアの国に暮らす個人富裕層だったのである。大和証券は当初から個人富裕層向けに海外進出したのではなかった。機関投資家を相手にしたかったのだが、予測したよりも日本株のバリュエーションが高騰し機関投資家の動きが鈍くなる。そこで個人投資家ビジネスへの比重を高めたのだった。そして個人投資家ビジネスの方が利ザヤが高かったこともある。

当時の顧客は台湾、香港、フィリピン、タイに住む富裕層だ。中国にも金持ちはいたけれど、まだ発展途上だった。

アジア各国は次のような状況にあった。岡が担当することになった台湾は、１９８７年までは戒厳令下にあった。戦前は日本領だから、個人投資家のうち高齢の富裕層の方は日本語をしゃべることができた。日本人営業員にとってはストレスがない。

香港はその時まだイギリス領であったが、数年後には中国に返還されることが決まっていたために、現地の投資家の多くは自分の資産をいかに分散させるかに頭を悩ませていた。

フィリピン、タイは経済が安定する以前だ。個人富裕層は自国が不安定な状況にあったから、資産を分散保有する必要があった。そこで日本株は恰好の商品となりえた。そうした各国の大金持ちの心情を察して、岡たち営業員はその資金の取り込みのために邁進したのだった。

岡は思い出す。

「台湾は今でもそうですけど、すべての国から認められている国ではないんです。一応、軍もあり、独自の外交もしていますけれど、国とは言い難い。すると、そこに暮らすお金持ちの方々は将来が不安ですから、自分の資産を安定した海外の国へ動かそうとする。子どもたちも留学させます。アメリカだったり、イギリスだったり、あるいは日本へ留学させた人もいました。

また、当時、台湾内では金融はそれほど発達していなかった。お金持ちを相手にするプライベートバンキングのサービスはほぼなかった。そこで私たち大和証券の香港現地法人が提供するサービスが受け入れられたんです。当時から香港、シンガポールではマージン取引ができました。マージン取引とは株を担保にお金を貸すことです。投資家は借りたお金でまた株を買う。日本ではできません。当時の香港オフィスは銀行免許を持っていましたから、株を担保にお金を貸し、それをまた投資していただくこともできました。今、シンガポールでも同じことをやっています。

日本国内では株を担保にお金を貸すことはできても、それでまた株に投資することはできません。ただし、信用取引というものはありますが。また、日本の証券会社へ行っても預金をすることはできません。ところが、海外の投資銀行ではお金も預かるし、金利もつけるし、さらに証券投資もできる。持っている株を預けてお金を借りて、再投資もできる。レバレッジをかけて証券投資ができる。ただ、レバレッジをかけると言っても、目的は投資効率を高めるためで、過剰なリスクを取る必要はないんです。担保になるものは証券だけでなく、格付けの高い生命保険、あるいは債券もあります」

岡、台湾の個人富裕層へ営業をかける

香港オフィスで「担当は台湾だ」と言われた岡はひとりで開拓に出かけていった。むろん中国語はしゃべれない。英語は多少できたが、台湾の人が全員、英語をしゃべるわけではない。日本語と英語とあとは身ぶり手ぶりでコミュニケーションするしかなかった。台北の空港に着いたら、台湾生まれで日本語がぺらぺらのボス、黄《こう》が出迎えてくれた。黄が「台湾の金持ちは日本語をしゃべる」と教えてくれたので、ほっとした。しかし、台湾に大和証券のオフィスはなかった。岡はビジネスホテルに長期滞在し、寝泊まりする部屋をオフィスとして使ったのである。正規のオフィスを設立しなかったのには理由があった。それは中国に対する遠慮だ。ビルの一室を借り、大和証券と書いた看板を出すと、中国本

土のビジネスに影響が出てしまうのである。

大和証券に限らず、日系の銀行、証券会社で台湾に看板を出して営業しているところはなかった。唯一の例外が第一勧業銀行（当時）だ。「台湾と宝くじが第一勧銀のドル箱」と言われていたくらい、台湾ビジネスに強かった。

岡の毎日は判で押したように決まっていた。朝、ビジネスホテルの部屋で起きる。近所の庶民的な食堂で食事を済ませるとテレコールだ。

北京語、そして台湾語もおぼつかなかったが、電話帳を引いて、片っ端から当時、台湾の主力輸出商品だった紡績、家電製品、プラスチック製品など軽工業の社長に電話をかける。鉄道や電力会社といった公営の代表電話にかけても、トップが出てくることはあり得なかったからだ。また、中小企業のオーナー社長であれば高齢者が多い。高齢であれば日本語をしゃべるに違いないと推測したのである。

「喂《ウェイ》、ニーハオ、董事長はいますか？」

そう言って、日本の証券会社だと名乗ると、10回のうち1回は董事長、つまり、社長が出てくる。

「大和証券の岡と申します」

相手先の社長が出てきたら、岡は日本語に切り替えて話しかけた。1990年頃の会社経営者は50代後半から60代といったところだ。子どもの頃、日本語教育を受けていた世代に該当する。台湾人エリートは中国語だけでなく日本語もペラペラだった。岡が喋るよりもきちんとした日本語を話す経営者は大和証券のこともちろん知っていたし、戦後生まれの若い日本人営業マンが電話をかけてくると、意気に感じて話を聞いてくれたのだった。

ある台湾人経営者は岡に言った。

「戦後、大陸から国民党がやってきた時は幻滅した。私の自宅に押し掛けてきたやつらは水道を見るのも初めてで、蛇口から水が出るのを見て驚いていたんだ。やつらは台所から水道の蛇口とパイプを取り外して持っていき、地面に突き刺して、蛇口をひねった。当たり前だが、水が出ない。うちの母親のところにきて、『なんで水が出ないんだ』と言って殴ったんだ」

台湾では対日感情は悪くなかった。岡は台湾人エリートの実業家に好かれ、何人もの個人投資家の資産運用の相談に乗るようになったのである。

香港オフィスの台湾チームに所属した岡は成績を上げていった。香港オフィスの統括者は日本人だったが、台湾でのボスは現地で生まれた台湾人の黄だ。黄は癖のある台湾なまりの日本語を強い口調で話すモーレツ営業マンだった。

ホテルの一室を小さなオフィスに仕立て、「岡、電話しろ。営業に行ってこい」と、叱咤激励する毎日だった。

アポイントが取れたらとにかくすぐに飛んでいって、「今、絶好調の日本株はどうですか?」と熱くストーリーを語る。そうしているうちに人脈はどんどん広がっていって、「あいつのところへ行け」などと顧客を紹介してくれるようにもなったのである。

顧客にはならなかったが、岡自身がよく覚えているのは後に台湾の第四代総統になる李登輝だ。1923年生まれの李登輝は京都大学で学び、コーネル大学を卒業している。岡が台湾に行った1988年は、総統の蒋経国が亡くなった直後で、李登輝が総統に就任したばかりだった。在台湾の日本ビジネス界のミーティングなどを催すと、出席してくれて、流暢な日本語でユーモアのあるスピーチをする。日本びいきで、「日本軍は台湾で悪いこともしたけれど、案外いいこともたくさんしたんですよ」などと一国の元首が言わないようなこともはっきり言う。在台湾の日本人は誰でもすぐに李登輝のファンになってしまうのだった。

富裕な台湾人のために岡は「おもてなしスピリット」で尽くした。

「飲みに行くぞ」と言われれば深夜まで付き合った。週末も休みを取らずにゴルフの相手をして、カラオケにも行った。スナックにもクラブにも付き合った。もちろん遊びのシーンだけではなかった。仕事の相談にも乗り、資産を増やすためのアドバイスをした。レバレッジをかけて運用し、顧客の資産を増やした。企業オーナーの顧客にはM&Aの紹介もした。彼らとの付き合いで富裕層ビジネスの何たるかを覚え、金融商品の知識を増やし、国際的な金融慣行も体験した。この時の知識と体験が後にシンガポールの富裕層ビジネスを立て直す時に役に立ったのである。

「売り上げの追求よりも顧客に尽くすこと。お客さまが困っていることを解決する」

顧客へのサービスを第一にしていれば売り上げと利益は必ず後から付いてくると確信したのだった。

いい時代は早く過ぎ去る

1989年12月29日、大納会における東証1部の平均株価の終値は3万8915円。バブル期の終値では最高だ。年が明けた1990年1月3日の日本経済新聞には次のように書いてあった。

「堅調な景気や株式需給関係の良さを支えに、日経平均株価は年末に四万四千円前後へ上昇……」

だが、翌1月4日に開かれた大発会の終値は3万8712円と少し落ちた。1月末には3万7000円台となり、2月末には3万4000円台……。株価はその後も上向くことなく、下がっていくままだった。そして、政府・日銀は過熱していた景気を冷やすための政策を取った。

3月には公定歩合が引き上げられた。次いで、大蔵省（当時）は銀行の不動産向け融資に上限を加える「総量規制」の導入を決めた。実施は4月からだった。

8月にはイラク軍がクウェートに侵攻、湾岸戦争が始まった。人々は不安を口にし始めた。株価は下がり、そして、地価も下落し始めたのだった。

6大都市の地価は1990年3月に前年比30・1％と上昇率のピークを記録。ただし、その年の秋には上昇率が鈍化する。翌1991年3月には上昇率は3・0％。つまり、バブルが崩壊してから1年後はまだ土地の価格は横ばいだった。下がり始めたのはその後だった。同年9月にはマイナス6・9％。1992年3月は前年比でマイナス15・5％、9月ではマイナス19・4％。前年よりも土地の値段が2割も落ちたのだった。

1990年の初めに変調をきたしてからバブルが崩壊するまでには1年以上かかっている。以後、現在に至るまで、バブルに比する好景気はやってきていない。株価はバブル最高値をやっと上回ったところである。

さて、台湾で汗をかきながら営業を続けていた岡もまた現地で日本株の暴落を知った。

株価が下がったのはわかってはいたのだが、証券業界における一般的な受け止め方は「すぐにまた戻るだろう」というものだった。それは日本国内の地価がまだ下がり始めていなかったこともある。結果として、地価が下がるまでの半年から1年の間、彼らは「景気は再び上向く」と判断したのである。地価が連動せず、すぐに下がらなかったことがバブル崩壊の痛みを拡大したのだった。

株価と地価が同時に下がっていたとすれば誰もが資産の処理に向かっただろう。だが、「土地の価格はまだ下がっていない。ということは株価が上向くチャンスはある」と思った証券会社の社員は顧客に「ナンピン買い」を勧めて歩いた。ナンピン買いとは平均購入単価を下げるために株価の下がった株を買い増しすること。しかし、いくらナンピン買いをしても、株価は上がらなかった。

この時、台湾にいた岡は臆病になっていた。日本株の株価が落ちてからは、どうしても顧客にナンピン買いを勧めることの自信が持てず、逆に「手じまいしましょう」と言って歩いたのである。

岡はため息をつきながら言った。

「あの時、僕はお客さまにボロカスに言われました。『お前ってやつは結局リスクを取らないんだな』とか。でもあの下げは今までのものと明らかに違っているように自分には思えた。相場が戻るという確信が持てなかった。それほど大きなインパクトの暴落だったんです。しかも、社会情勢は悪化するばかりだった。湾岸戦争が始まり、誰もが慎重になり始めていた。イケイケの雰囲気のなかにも暗雲が漂い始めていた。外から日本を見ていたこともあり、より客観的に物事を捉えることができたのかもしれません。

僕自身は手じまいに入っていましたが、仲間の営業員にはナンピンを入れて、ハイリスクハイリターンのワラント債まで薦めた人もいました。いや、そうなるともう悲惨です。お客さまがマージン取引を利用していて、2倍の株を買っていたとします。50パーセント落ちたら、倍の損になり、全部なくなる。さらにリスクが高いワラント債に投資していたら、株価が20～30パーセント落ちただけで全部、ふっ飛んでしまう。

バブルの最初の暴落が来た頃、営業員たちは相場は戻ると信じていたんです。『バスを降りたやつは負け』というのがバブル相場に勝つ鉄則でしたから。でも、ここはバスを降りなきゃいけなかった。ですが、あれほど長期の間、まるで岩が舞い上がってしまうような上昇相場を経験すると、やすやすとバスを降りるなんてことはなかなかできなかったのです」

敗戦処理の日々

世界は変わった。そして岡の仕事は主に顧客に頭を下げて回ることとなった。台湾人富裕層の大半はマージン取引で金額を増やして投資していた。簡単に言えば1億円の株を買ったら、それを担保に金を借り、それでまた株を買う。それがマージン取引だ。あらためてマージン取引を説明すると、日本では証券担保ローンに値する。ただし、日本の場合、株を担保にして借りた金を株に投資することはできない。一方、海外ではそれができる。「証券会社」ではなく、ユニバーサルバンクだからだ。つまり、お金も預かるし、金融商品も売る。自社で売る商品を預かって、金を貸し、さらに自社の商品を売ることができる。一方、日本では銀行と証券会社は明確に分離している。

さて、マージン取引で株を買い、株価が下がると顧客は損をする。資産がある程度以下に減ると、今度は顧客が追加証拠金を証券会社に払って決済しなければならない。むろん、自分で「買い」の判断をしたのだから、株価が下がったら損は自ら引き受けなければならない。ただ、自分の判断でゴーサインを出したにもかかわらず、いざ、損をすると人が変わるのもまた人間だ。

岡が「追加のお金の件で」と電話をかけても呼び出し音が鳴るだけで、絶対に受話器を取ってくれない顧客がいた。事務所を訪ねても居留守を使ったり、部下が出てきたり……。なんとか捕まえて会うことができたとしても、頑として払おうとしない。しかし、岡にしても、「はい、そうですか」と帰るわけにはいかない。証券会社が顧客の損を負担すれば損失負担になり、岡はクビだ。会社もまた罰せられる。

何度も何度も出かけて行って、ひたすら謝ってお金を入れてもらうしかない。大半の人は株価が上がったからといって営業員のおかげだとは思わない。自分の判断がよかったと思う。それなのに自分が判断して買った株が下がると「責任を取れ」と言う顧客がいる。なかには血相を変えて詰め寄ってくる人もいる。

営業員としては「私には関係ありません。あなたが決めたことです」とは言えない。責められても、頭を下げて追加金を入れてもらうしかないのである。

一方で、機関投資家との話はもめることはなかった。機関投資家のファンドマネージャーはプロだ。プロが自ら調査分析して、自分が指定した株を買ったわけだから、損をしたとしても営業員に食ってかかることはない。機関投資家に対しては証券会社はブローカーだ。一任勘定で預かったわけではない限り、ブローカーは注文を右から左へ処理しただけなので、ファンドマネージャーは営業員の責任を追及することはできなかったのである。

それでも癪に障ったのだろう。担当の営業員に「あんたは今後、出入り禁止」と申し渡すファンドマネージャーもいた。仕事とはいえ、彼もまた会社に損をさせてしまった。自己責任とわかっているものの、それでも何か鬱憤のぶつけどころを見つけるしかなかった。

謝るだけでは前へ進まない

バブル崩壊の敗戦処理は数年間も続いた。周りを見回すと香港オフィスにいた営業員たちは死屍累々といった様相を呈していた。株価の戻りを狙ってナンピンを入れ、ワラント債を売りまくった男は所在不明だった。追加金をもらってくることができずに退職して日本に帰国した同僚もいた。損を残したまま大和証券の香港オフィスをやめて、そのまま他社に転じた人間もいた。

そういったなかで、岡は若かったせいもあったが、頭を下げて回ることしかできなかった。毎朝、狭いビジネスホテルの部屋を出て、夜遅くまで、「すみません、口座を閉じましょう」「追加のお金をお願いします」と頭を下げた。ただ、不思議なもので、何度も謝っているうちに顧客の態度は変わってきたのである。

1回目、2回目までは土下座させられたり、灰皿を投げられたりしたが、3回目になると、話を聞いてくれるようになる。それに、全員が損をして、激怒していたわけでもなかった。バブル崩壊前に儲けていた顧客は岡を切らなかった。日本株がダメでも他の金融商品の話を聞いてくれる顧客はいたのである。また、数は少ないが、顧客によってはバブル崩壊前に投資した株の利益を確定させ、そのままキャッシュで持っている人もいた。彼らは怒らなかった。岡の苦労を知り、食事に連れて行ってくれたりしたのである。

つまり、岡はいい顧客を持っていた。また、顧客にかわいがられていた。そして、運も持っていた。

敗戦処理の間、岡は自分なりに考えたことがあった。それはアポイント先への訪問の仕方である。つらいところばかり、2軒、3軒と続けて回るのではなく、つらいところ、楽しいところと交互に回ることにしたのである。最初は怒る顧客のところへ行って謝る。ひたすら頭を下げ、土下座もして、ただただ謝る。そして、最後に「お金を入れてください」と頼む。その次は損をしていない顧客のところへ行く。そして、上がりつつあった香港株の営業でなんとか乗り切る日々だった。台湾株については地元の証券会社が強かったし、そもそも顧客の方が動向をよく知っていた。台湾株には手を出さずに、香港株の営業で状況を切り開こうと努力したのである。

「岡くん、A社の営業マンはバブルの日本株の損失をうまく補填してくれた。お前はやらないのか」と言われたこともあった。だが、実際にそんなことをやってしまったら、次から次へとむしり取られるだけだ。岡はどれだけ責められ、怒られても、絶対にやらなかった。損失補填をした営業員の名前は顧客の口からバレてしまう。そして、結局、当局に伝わり、逮捕される。

岡がやったのは誠心誠意、謝ること。謝って心身ともに疲労したら、台北の歓楽街、林森北路《りんせんぺーるー》に行き、日本人の女の子がいるスナックで酔いつぶれることにしていた。「謝る」「香港株の営業をする」「スナックで飲む」。彼の日常をまとめると、この3つだった。

本人は思い出す。

「よくあの時代をしのいだというか乗り切った。一日の終わりに何か、楽しいことを作っておかないととても耐えられなかった。つらいことばかりが続いたら、誰だっておかしくなっちゃいます。だって、5年は続いたのだから。

台湾のヘッドと僕がラッキーだったのは、日本株だけでなく、他の国の株も扱っていたこと。たとえ、バブルが崩壊しても、なんとか、お客さまを儲けさせなきゃいけないと、それればかり考えていた。ほんとです。会社の利益ばかりを考えていたら、お客さまも心を開いてくれなかったと思う。証券会社に大切なことは売り上げや利益の追求ではないんです。お客さまのことをどれだけ考えることができるか。それしかない。シンガポールの連中には僕のバブルの後の苦労を伝えていますよ。そして、乗り切ることができたのはお客さまのことを考えたからだ、と。景気不景気に一喜一憂するより、とにかく目の前のお客さまのためになることをやる。証券会社の人間がやることってそういうことなんです」

Chapter

2

第2章

冬の時代

失われた20年

マスコミはバブルが崩壊した1990年代からの20年を「失われた20年」、さらに30年間を「失われた30年」と評するようになった。あと、数年したら「失われた40年」と書く新聞の論説委員も出てくるかもしれない、それはできるだけ避けたいというのが日本人の望みではないか。

日本総研の主席研究員（当時）、枩村秀樹は「平成を振り返る：失われた20年と再出発」というレポートにこう書いている。

「平成はバブルの絶頂期に幕を開けたが、その後は20年にわたる低迷期に苦しむことになった。不良債権処理の遅れ、三つの過剰問題（1999年版「経済白書」で分析された雇用、設備、債務の3つを言う）、国際競争力の低下、無駄な公共事業など、複合的な要因が日本経済の回復を妨げたと言われている。これを典型的に映し出すのが株価である。日経平均株価は、平成元年（1989年）の12月29日に38957円の史上最高値を記録した後、長期の下落トレンドに突入した。リーマン・ショック後の2008年10月28日には、最高値の5分の

1以下の水準となる6994円にまで落ち込んだ。」

その後も不景気は続いた。リーマン・ショックから世界金融危機となり、世界同時不況へと陥った。それがやや回復してきた2011年、東日本大震災が発生した。デフレ基調はロシアがウクライナへ侵攻した2022年まで続いた。

日本経済の不活性状況が今なお続いているのは経済政策の失敗、3つの過剰、国際競争力の低下もあるが、大きな背景は少子高齢化だ。総務省の『令和3年版情報通信白書』にはこうある。厚生労働省の白書ではない。情報通信白書でさえ、人口減少と少子高齢化社会を憂えている。

「人口減少・少子高齢化とそれによって生じる課題

我が国では、少子高齢化が急速に進展した結果、2008年をピークに総人口が減少に転じている。国立社会保障・人口問題研究所の将来推計によると、2053年には日本の総人口は1億人を下回ることが予測されている。人口構成も変化し、1997年には65歳以上の高齢人口が14歳以下の若年人口の割合を上回るようになり、2020年には3619万人、全人口に占める割合は28・9%と増加している。他方、15歳から64歳の生産年齢人口は2020年の7406万人（総人口に占める割合は59・1％）が2040年には5978万人（53・9％）と減少することが推計されている。

少子高齢化やそれに伴う人口減少は、我が国の経済や社会に大きな影響を与える可能性がある。

経済では、需要面と供給面の双方にマイナスの影響を与え、中長期的な経済成長を阻害する可能性がある。そのうち、需要面では、多くの分野において国内市場の縮小をもたらすこととなる。供給面では、経済成長の3要素（労働投入、資本投入、TFP〈全要素生産性〉）のうち、労働投入の減少につながるほか、国内市場の縮小に対する懸念を企業が有することで、資本投入にも影響する可能性がある。

社会では、人口構成の変化に伴い社会構造が変化することとなり、地域人口の減少や高齢化率の上昇によりコミュニティ維持が困難になるなど、人と人との結びつきが希薄になることで、社会資本の形成が困難となる。」

白書にあるように日本経済が停滞している理由は1997年から進んだ少子高齢化だ。年を取ると食事も少なくなり、おしゃれのための金も使わなくなる。旅行や温泉へは行くが、海外よりもむしろ国内に目は向いている。

景気をよくしようと思ったら、子ども、若者を増やすことが必要だけれど、すぐにできることではない。高齢にはなったが、元気でいる人間たちが消費することも必要だ。なんとなく未来が不安だから、高齢者は貯金してしまう。それをやめさせるしかない。

2023年、65歳以上の高齢者の数は3623万人だ。総人口に占める割合は29・1%。過去最高であり、さらに高齢者率は世界最高だ。うち80歳以上は前年よりも27万人増えて1259万人。総人口の10・1%となっている。日本人の10人にひとりは80歳以上だ。それでも彼らは貯金している。

景気をよくするには80歳以上の人たちがお金を使うようにすることではないか。彼らからは税金を取らない。旅行に行くのであれば交通費、宿泊費を割り引く。孫にお金をあげるのであれば、大金であっても課税しない。

それくらいやらなければ老人はお金を使わない。話はややそれたけれど、日本経済を力強くするには経済政策や個々の企業の成長が必要だ。加えて、少子高齢化に歯止めをかけない限り、経済成長はできない。

岡、アジアで奮戦する……

バブル後、日本株は低迷したままだった。それでも仕事を続けるしかない。謝るだけではダメだし、香港株だけでも仕事は大きくなっていかない。そこで、岡は台湾に住んではいたが、時々、香港オフィスを訪れ、香港市場で世界の情報を仕入れ、新しい商品の開発と顧客の獲得に励んだ。

香港は1997年にイギリスから中国へ返還された。バブル崩壊の後だ。

資産家のなかには資産を整理して海外へ移住を考える人間がいた。彼らが目指す場所のひとつが台湾であり、「移住を考える人間がいる」と噂を耳にすると、岡は香港へ出張したのである。そうした顧客に薦めた商品は香港株、台湾株あるいはアメリカ、アジアの株だった。それを続けているうちにそれなりのビジネスになっていった。

ただし、いいことばかりではなかった。香港オフィスは融資体制に不備があったため銀行免許を返納する事態となった。証券会社としての営業は続けることができたのだが、銀行免許がなければマージン取引ができない。顧客にとってはメリットがなくなったため、口座を閉じて離れていってしまった。

だが、岡の顧客だけはなぜか残ってくれた。彼が担当していた台湾の資産家もマージン取引ができないことを知った。しかし、不思議と離れていく顧客はいなかった。富裕層の顧客はハイリスクハイリターンを狙うわけではない。それよりも資産を減らしたくない。大きく儲けようと誘う営業員よりも、信頼できる営業員と長く付き合いたいのである。

岡は顧客が信頼する営業員だった。彼よりも金融知識がある人間はいた。彼よりもプレゼンが上手な営業員もいた。そして彼よりも賢くて口がうまい営業員は大勢いた。しかし、顧客は彼を選んだのだった。

岡は顧客に自社の弱点をちゃんと伝えた。

「香港で銀行免許を失ったからマージン取引はできません。ただ、シンガポールにある大和証券の支店に口座を移せばマージン取引ができます」

そう言われ、台湾の顧客はシンガポールに口座を移した。彼らにとっては中国に返還される香港よりもシンガポールの方が都合がいい。この時、岡が担当していた台湾の富裕層は香港の口座を閉じて、シンガポールに移したのである。そのなかには今も大和証券シンガポールの富裕層向けビジネスの顧客になっている人間がいる。

岡は自分を信じてくれた顧客には「岡裕則のお客さまではなく、大和証券のお客さまになってください」と言うことにしていた。証券営業員としてはなかなか口には出さない言葉である。

たとえば腕利きの営業員のなかには顧客と親しくなって独立したり、あるいは他社へ顧客を連れて行ってしまう人間がいる。特に日本の証券会社から外資系証券会社へ転職する営業員には顧客を連れて出ていく人が少なくない。岡はそれは嫌だった。自分を育ててくれた会社に対する信義に反することはしたくなかったのである。

岡の経験は後にシンガポールの富裕層ビジネスにかかわる社員たちにも伝わった。

岡は富裕層向けビジネスで大切なことは「個人のお客さまではなく会社のお客さまにすること」と繰り返し言った。富裕層向けビジネスでは営業員がひとりで顧客と向き合う。当然、親しくなる。個人的な付き合いが深まる。それが行くところまで行ってしまうと、「会社抜きでやろう」という雰囲気が醸成されてしまう。そうなると、営業員はやめてしまう。顧客もいなくなってしまう。すると、組織が成り立たなくなる。

大和証券シンガポールの富裕層担当チームの合い言葉は「ひとりはみんなのために。みんなはひとりのために」。一対一で顧客と接しているが、サービスは組織として行う。それを徹底している。

さて、岡はバブル後のつらい時期を乗り切りつつあった。そして、日本に戻る機会もないまま台湾に支店を作り、そこのヘッドに昇進した。だが、部下が増えたわけではない。

ヘッドではあったが、相変わらずひとりで台北の町を駆け回り、富裕層に謝り続けることが多い日々だった。

真冬の到来

1997年、香港がイギリスから中国へ返還された。その2年後、大和証券は変化した。それが住友銀行との合弁だ。大和証券の社史にはこう記してある。

「銀行提携期のグループ戦略　信用格付けの引き下げを回避する観点からも、当社グループに外部資本を取り込むこと、ビジネス上、多額の資本・資金を必要とするホールセール証券事業において信用補完を得ることは絶対条件であった。1998年7月、大和証券は住友銀行との戦略的提携を打ち出した。大手証券グループと大手銀行グループの提携による相乗効果を最大限に活かすため、両グループはホールセール証券事業を合弁会社に集約した。住友銀行は、戦略的提携に基づきお客様からの証券取引ニーズをホールセール合弁会社や大和証券への紹介・仲介で連携することとし、一方で当社グループは『銀行業務から撤退した』」（『大和証券グループ120年史』）

前述したが、大和証券のやっていた仕事のうち、ホールセールに関しては住友銀行と合弁会社で行う。一方、リテールについては大和証券がそのまま担当する。仕事の半分は合弁会社、残りの半分は従来のままという形式だ。

旧大和証券は持ち株会社の大和証券グループ本社となった。ホールセールの社名は大和証券SBキャピタル・マーケッツ（後に大和証券SMBC）。リテールの方は新・大和証券である。

基礎的なことだけれど、金融業におけるホールセールとリテールについてもう少し詳しく説明しておく。

財務省のホームページに掲載された論文にはこうある。

「ホールセールという言葉は一般的にあまりなじみがない用語かもしれませんが、金融では（リテールではなく）『大手の投資家（機関投資家）』という意味合いで使われます。例えば、証券会社には通常、ホールセール部門と呼ばれる部門がありますが、リテール部門と横並びで表現されます。」（東京大学・公共政策大学院・服部孝洋）

流通業でホールセールと言えばそれは卸売りのこと。一方、リテールは小売りだ。金融業界でホールセールは機関投資家のことを指し、リテールは個人客を指す。

岡たちの仕事は富裕層の個人客が相手だからリテールだ。だから、住友銀行との合弁があったとしても、アジアでやっていた富裕層ビジネスに影響はない……。わたしはそう思った。だが、実際には違った。

大和証券の海外部門は銀行免許を持っていた。そうすればマージン取引が可能になるからだ。個人顧客にとっては便利な金融機関だったのである。ところが、合弁した相手の住友銀行は元から銀行業だ。

「海外でやっているプライベートバンク部門は縮小させてくれ」と圧力をかけてきたのである。

当時、台湾の支店長だった岡にしてみれば本社が決めたことだ。口を出すことはできない。しかしこれは困ったと正直思った。これからは富裕層業務はできなくなる……。

岡の顧客はマージン取引もできる大和証券シンガポールに口座を移している。だが、合弁会社になったら大和証券シンガポールでも銀行業務は制限される。合弁会社はあくまでホールセール業務を中心とした合弁だ。合弁会社は富裕層を顧客にすることは基本的にはできないし、また、そのための人材もいなかった。

「では、リテールの大和証券からシンガポールに人を送ればいいではないか」というプランも成り立つ。しかし、現実にはできない。海外にある大和証券の支店は合弁会社に所属している。プライベートバンク業務は合弁相手の本業でもある銀行業務の範疇に入る。一方で、銀行側はこのビジネスにはまったく興味がなかった。また、大和証券の海外店であっても岡がいた香港オフィス以外に個人富裕層を顧客にしていた拠点はない。アメリカでもヨーロッパでも中国でもホールセール業務を主な業務としていた。つまり、海外の機関投資家向けに主に日本株を売っていたのである。

岡は言った。

「僕らは必死になって台湾の個人富裕層の開拓を続けていました。そして、香港が銀行業務をやらなくなったので、シンガポールに個人富裕層の口座を移しました。台湾には営業拠点しかなかったから、口座を開くことはできなかったのです。

シンガポールでアセットを預かり、利子を付与することもやっていた。シンガポールの支店はマーチャントバンクだったからです。ところが合弁したとたんに上から言われました。『混乱するからやめてくれ。シンガポールの大和証券は個人客については証券業務だけに特化してくれ。マーチャントバンクではあっても銀行業務はしないでくれ』。

そうなるとマージン取引はできません。これまでに開拓したお客さまは怒って離れていきました。シンガポールの大和証券は個人富裕層向けから機関投資家向けのビジネスを進めていく方向に変わりました。個人富裕層の開拓はやめて、これまでのお客さまのケアをするだけのビジネスになってしまった。冬の時代でした。真冬と言っていい」

合弁会社はアジアで個人富裕層向けのビジネスをやめた。その後はどうなったかと言えば、大和証券の顧客となるかもしれなかった台湾、香港、タイ、フィリピンといったアジアの個人富裕層は欧米のプライベートバンクのターゲットになってしまったのである。

富裕層ビジネスとプライベートバンク

プライベートバンクとは個人富裕層を相手にした金融サービスを行う銀行のこと。元警察庁長官でスイス大使もやっていた國松孝次の著書『スイス探訪』（KADOKAWA）にはスイスのプライベートバンクについてこんなことが書いてある。

「資産運用の知識と実績を持つパートナーがいわゆる合資・合名会社を作り、（中略）連帯して無限責任を負うかたちで長期的な資産運用をするのがスイスのプライベートバンキングの源流」

加えて、日本貿易振興機構（ジェトロ）のホームページには「莫大な世界の富裕層資産をプライベートバンク、ファミリーオフィスが運用」というレポートが載っている。そこにはこうある。

「スイスの金融サービスで特徴的なのが、富裕層向け金融サービスに特化した『プライベートバンキング』だ。スイスでは、法人や個人に総合銀行サービス（ユニバーサルバンキング）を広く提供する銀行に加え、個人向け富裕層資産管理専門のプライベートバンクが古くから存在している。例えば、代表的なスイスのプライベートバンクのロンバー・オディエ銀行は1796年、ピクテ銀行は1805年に設立された。なお、2014年の法改正により、無限責任の銀行業務を禁止。投資銀行や為替向銀行とあわせて、有限責任制に移行した。」

前述の『スイス探訪』が発行されたのは2003年だ。その後、リーマン・ショックが起こり、無限責任を負っていたのでは投資家、経営者が軒並み破産する恐れがあるので、プライベートバンクは２０１４年からは有限責任に移行したのだろう。レポートの続きにはスイス・リヒテンシュタインの主要なプライベートバンクとして、いくつもの名前が載っている。

「ジュリアス・ベア、ラーン＋ボドマー、ボントーベル、ロンバー・オディエ、ピクテ、ミラボー、エドモン・ド・ロートシルト、ＵＢＰ（Union Bancaire Privee）、サフラ・サラシン、ＬＧＴリヒテンシュタイン」とある。庶民にはまったく関係はない。

最後のＬＧＴリヒテンシュタインをのぞけば本社はスイスにある。なお、エドモン・ド・ロートシルトはロスチャイルド家の銀行だ。

こうした欧米資本のプライベートバンクのうち、いくつかは「ジャパンデスク」を設けて日本人スタッフを雇用している。そうしたスタッフが香港やシンガポールなどアジア地区に居住する日本人富裕層に営業するわけだ。

そして、同レポートには日本の金融機関がスイスのプライベートバンクと提携しているとも書かれている。

「日本でも、スイスのプライベートバンクが幾つか支店を展開している。このほか、近年の富裕層向け金融サービスのニーズの高まりを受け、日本の金融機関とスイスのプライベートバンクの協業が進む。例えば、2018年9月に野村ホールディングスがジュリアス・ベアの子会社に出資した。また2018年8月には、みずほ証券がウェルスマネジメント業務に関して、ロンバー・オディエ銀行との業務提携契約締結を発表。さらに、2020年1月に三井住友銀行が同じくウェルスマネジメント分野で、UBSとの協業開始を発表している。」

日本人富裕層に対しては現在でも、こうした世界のプライベートバンクおよび提携した日本の金融機関が営業行為を行っている。

日本人は日系金融機関よりもスイスのプライベートバンクの方に老舗、本格派の気配を感じるのではないだろうか。日本の高級ブランドよりもエルメスやルイ・ヴィトンの方に気持ちが傾くのと同じ理屈だと思われる。

ただし、実際に口座を持ったことのある、ひとりの顧客に聞くと、「スイスのプライベートバンクと長く付き合うのは気が重いところがある」ようだ。

それはたとえ日本人スタッフと話していても、正式な書類はすべて英語だからだ。英語が達者な人間でも金融用語が続く書類を読んで理解するのは易しくはない。加えて日本に持っている財産状況を理解させるのにひと苦労するという。

プライベートバンカーが顧客の資産を運用しようと思えばその国の文化、顧客の資産背景まで理解していなければならない。日本語での説明であってもなかなか伝わらない機微があるのに、それを外国語で行うのは簡単ではない。

岡が台湾の富裕層に信頼されたのは顧客が日本語を解する高齢資産家だったおかげもある。いくら岡が優秀であってもタイ人、インドネシア人富裕層に対して的確なコミュニケーションが取れたかと言えば、それは疑わしい。

話は戻る。

1999年の住友銀行との合弁で大和証券の個人富裕層向けビジネスは沈滞した。

2009年に三井住友FGとの提携が終わるまで個人富裕層チームは大和証券から離れなかった富裕層にサービスをするしかなかった。

岡、本社から「もう一度やれ」と言われる

2003年、岡は入社以来、15年ぶりに日本に戻ってきた。オフィスは日本橋本石町の

日銀本店近くにあった三井住友FG関連会社のビルである。

所属した部署の主要業務は「銀行協働」。大和証券と三井住友FGが一緒になったのだから、銀行が持つ顧客基盤を活用して、機関投資家に金融商品を売り込もうという協働プロジェクトだった。この仕事は予想以上にうまくいった。この部署のヘッドだった中田の強力な推進力に負うところもあったが、やはり貸し出しをしている銀行の強い顧客グリップが活用できたことは大きい。協働により部門の売り上げは倍々ゲームで伸びていった。

そうしているうち、2006年、岡は再びアジアへ。今度はシンガポールに転勤になったのである。彼は言う。

「シンガポール現地法人の拠点長になりました。まだ小さな所帯でした。住友銀行と提携してから個人富裕層向けの仕事はほとんどやっていなかったから、業績は低迷していました。担当の営業員はいましたけれど、精彩を欠いていた。やっていたことと言えば残っていたお客さまに連絡するくらいでしたね。

僕の当時の肩書は大和証券SMBCシンガポール社長。店舗内には住友銀行から来た方が多くいました。その時はとにかく日本同様、銀行との連携を強めてビジネスを拡大することが主要な命題で、銀行サイドでもシンガポール業務を拡大していた時期でもあったので緊密に連携しました。

それに銀行サイドのトップの方はとてもいい方だった。個人的にも大変懇意にさせていただいた。その方は銀行の役員で、かつ合弁会社設立にもかかわっていたので、違う会社ではありながらも僕は上司のように慕って協働を進めました。そんなこともあったので、合弁解消のニュースを聞いた時はさすがにショックだった。

当時、シンガポール店でやっていた主な業務はもっぱら機関投資家向けの業務であり、個人富裕層向けのプライベートバンキングビジネスはほぼできない状況でした」

シンガポール拠点長になった翌2007年、岡に対して、あるアイデアが内示された。上司から「経営陣が富裕層ビジネスは大事だぞと言っている」と示唆されたのである。

さらに、こう教えてくれた。

「証券会社のリテールにとって富裕層ビジネスは重要な成長分野だ。シンガポールでそうした組織をもう一度、作ったらどうかと言っている。だから、岡もちょっと協力してくれ」

岡はうなずいた。

「わかりました。ただ、一緒にやっている三井住友さんの方は大丈夫ですか？」

合弁してから、富裕層ビジネス（プライベートバンク）は銀行である三井住友FGの守備範囲といった雰囲気になっていた。岡が拠点長のシンガポールでも、富裕層ビジネスは細々と営業するしかない状態だったのである。

上司は答えた。

「そうだな。しかし大和証券が別会社を新たに直接、設けてやるなら問題はないだろう」

こうして大和証券は富裕層ビジネスをするための会社をシンガポールに一から立ち上げることになったのだが、ことはそれほど簡単ではなかった。

まず富裕層ビジネスを行うにはそれ相応のインフラが必要だ。最低でも証券ライセンス、銀行ライセンスの獲得が必須となるが、それには時間と大きな投資が要る。大和証券シンガポールは50年以上の歴史のなかでそのインフラを築き上げてきた。富裕層ビジネスはそのプラットホームの上で初めて可能になるビジネスなのである。

さらに人の問題がある。国内から海外に不慣れな人をいきなり送って基盤を作れと言っても、その世界を経験したことのない者にミドルバックも含めた組織を作るのは容易なことではない。

案の定、このプロジェクトは数年経たずして行き詰まった。そしてこの業務の引き継ぎ先として白羽の矢が立ったのが大和証券シンガポールだったのである。

「岡、このビジネスを継承してくれないか」。これが再度大和証券シンガポールで富裕層ビジネスを起ち上げるきっかけだった。岡は過去このビジネスをやっていたこともあり大和証券シンガポールで行うのであれば成功させる自信はあった。そこで銀行にも仁義を切り、人も変えた。ヘッドにはこのビジネスを理解している外資プライベートバンク経験者を入れ、営業力のあるものを集めて小さなオペレーションから立ち上げた。案の定、岡が見込んでいたようにオペレーションだけは時間をかけることなく立ち上がった。それもそうである。大和証券シンガポールは昔その業務を主要業務としてやっていたのだから。

「新規開拓はシンガポールに住む日本人だけに絞ろう」

シンガポール人、中国人、台湾人ではなく、シンガポールにいる日本人富裕層だけにする。それなら英語は最低限できればいい。営業に優れた人間が担当すればいいんだ。現在、やっている大和証券シンガポールWCSの原型ができたのはこの時だった。しかし……。すぐには思うような成果が上がるはずもなかったのである。

リーマン・ショック

年が明けて2008年。岡自身はシンガポール現地法人の経営トップとして法人向けビジネスの拡大に注力していた。別会社にした富裕層チームは孤軍奮闘していたが、目に見えた成果は上がっていなかった。だからといって赤字を垂れ流していたわけでもない。コストも労力もかけなかったから、大きな損失も出さなかった。

同じ年の9月15日、アメリカの投資銀行、リーマン・ブラザーズが経営破綻した。リーマン・ブラザーズは1990年代以降、アメリカの住宅バブルで生まれたサブプライム住宅ローンを積極的に進めて大きくなり、アメリカの投資銀行の第4位になった。だが、サブプライム住宅ローン危機からの損失が拡大して破綻したのである。同社の破綻がきっかけとなり世界金融危機が起こる。株価下落、金融不安となり、世界に波及していった。

影響を受けた業界は少なくなかった。なかでも自動車業界は辛酸をなめた。新車需要は一気になくなり、在庫が膨れ上がったのである。健全経営で知られるトヨタでさえ2009年の決算は4610億円の赤字。これは創業期以来のことだった。自動車業界ではトヨタだけでなく各社が赤字になった。ビッグ3のうちの2社、GMとクライスラーが破綻した。続いてサーブも破綻し、富裕層の固定客を持つポルシェまでが苦境に陥ったのである。

日経平均株価は暴落した。2008年9月12日の終値は1万2214円。翌月10月28日には一時は6000円台（6994・90円）まで下落。1982年以来、26年ぶりの安値となった。派遣切りや雇い止めが起こり、年末年始に年越し派遣村ができたのがこの年である。

シンガポール拠点長だった岡にとっては富裕層ビジネスどころではなくなった。世界不況だから、どこの国の株も下がる。頼みのアジア株も当初は下がる一方だった。ただ、それでも他の国の株よりも早く復活したのは香港市場に上場している中国企業の株だった。

リーマン・ショックの後、中国政府は景気回復のため4兆元（当時のレートで約57兆円）を投入して景気対策を執行し、「世界を救った」のだった。

三井住友FGと提携解消

リーマン・ショックの後、シンガポールの富裕層ビジネスは動かなくなった。株は下がり続け、金融機関のいくつかは存続を不安視される状況だったから、営業員が資産家を訪ねて「投資しませんか」と口説いたところで、ビジネスにはならなかった。

翌年の2009年、本社から連絡があった。岡は一瞬、言葉が出なかった。そして、フロアを見渡して、ため息をついた。

「大和証券は三井住友FGとのホールセール証券事業の合弁を解消する」

同じフロアで仕事をしていた三井住友FGから来ていた社員たちも何も言わなかった。

合弁から10年が経ち、お互いの間にあった壁がなくなりつつあった矢先のことだった。

それがまたライバルとして競争することになる。

ホールセールで合弁していた会社、大和証券SMBCは社名を変え、大和証券キャピタル・マーケッツ（CM）となり、最終的にはリテールをやっていた大和証券とホールセールの大和証券CMが合併して大和証券になる。はっきり言えば、10年間、いったい何をやっていたのかということだ。10年間に2回も看板をかけ替えたり、オフィスを作ったり……。徒労とも言える時間だった。

合弁解消の理由は三井住友FGと大和証券の亀裂だった。2009年より以前、三井住友FGは水面下で証券会社の買収話を進めていた。買収候補はアメリカのシティグループが持つ日興コーディアル証券、そして日興シティグループ証券の両社である。そして、三井住友FGはふたつのシティ系証券会社を合併させ、ひとつにした。名称は日興コーディアル証券。大和証券は買収が発表されるまで、この動きを知らなかった。そこで大和証券の幹部は決断する。

三井住友FGにとっては日興コーディアル証券（子会社）と大和証券（ホールセール合弁先）というふたつの証券会社と関係が強化できる。ふたつの証券会社の顧客との取引が期待できる。

では、大和証券にとってはどうなのか。三井住友FGと合弁していたらホールセール業務は伸びていくだろう。しかし、日興コーディアル証券を子会社にしてしまった三井住友FGは合弁先よりも子会社を重視するだろう。子会社と合弁先では子会社の方に利益の上がる案件を持っていくのではないか……。

そこで大和証券は合弁を解消することにした。合弁解消が決まり、事業の分離が一段落するまで、大和証券シンガポールにおける富裕層ビジネスは停滞した。岡もそこまで手が回らなかったのである。

そして、2009年の終わり、岡はニューヨークに転勤になった。海外部門の経営企画の担当になったのである。枢要な地位だったから、岡にとっては栄転だ。だが、彼がシンガポールで組み立てようとしていたビジネスは止まってしまった。

岡はこう思い出す。

「合弁を解消した後、すぐ富裕層チームを集めて、いいか、いろいろあったけれど、やっと元に戻った。さあ、頑張ろうぜといった話をしたんです。すると、そのとたんに僕がニューヨークに出ることになってしまった。困ったなと思ったんです。せっかく、新しいスタートを切ろうと思ったのに。ですが、僕がニューヨークへ行っても、富裕層チームのみんなは頑張ってくれた。ただ正直あまり業績は振るわなかった。富裕層ビジネスは個人の頑張りだけではなかなか結果が出ない。インフラを含め社の組織的なサポートが必要なビジネスなんです」

当時のシンガポールの富裕層チームには本社からのサポートはほぼなかった。富裕層チームが相手にしていた顧客は個人だ。シンガポールに口座があった現地人あるいは日本人移住者である。

しかし当時の大和証券の海外駐在はほぼホールセール部門の人間なのである。機関投資家を顧客とするスタッフが海外に駐在し、日々投資や運用のアドバイスをする。なぜ、リテール部門の人間が海外へ行かないかと言えば、それは個人客は毎日のように投資や運用をするわけではないからだ。

個人顧客を担当しているのはリテール部門だけであり、基本的には国内勤務。岡が台湾で従事していた個人富裕層業務は同社では稀な存在だった。

岡は言った。

「機関投資家ってのはプロです。プロを相手にする商売と個人を相手にする商売は全然違います。プロは情報と商品がよければ評価してくれる。『お前が持ってくる情報がよくて、それで儲かればいい。ダメなら自分が責任を取る』。そんなビジネスです。それに、機関投資家は毎日、株や債券の売買をやる。それが仕事ですからね。

一方、個人顧客で毎日、株を買う人はそう多くありません。下手したら2か月、3か月は動かない。だって個人客は株を売買することが仕事じゃありませんから。他に本業を持っている人たちです。

つまり、機関投資家相手と個人相手ではサービスがまったく違う。個人を相手にするのでしたら、資産について詳しく聞いて、資産を預かって、それからさまざまなアドバイスをする。お子さんの教育のお世話もすれば、引っ越しの手伝いや犬の散歩もする。大和証券の国内支店にはそういう仕事をやっている営業員はいるわけです。

しかし、海外にはいなかった。海外支店にいるのは株、債券、インベストメント・バンキングのプロだけでした。そこで、シンガポールではそういう連中のうち、個人向け営業ができそうなスタッフを集めてチームを編成したのですが、そういう基本的なことすら当時の海外店ではあまり理解されていませんでした。結局、自分がニューヨークへ異動後はビジネスの推進力が落ちてしまった。あまりこのビジネスの魅力や成長性が理解されていなかったのかもしれません。アジアで富裕層営業をやった経験があるのは当時自分くらいしか残っていなかったから。これ、自慢話じゃないんです。僕は台湾でたまたまそういうケースを経験しただけ。そして、他にも経験した人はいたのだけれど、みんな社を去ってしまった。外資系に引き抜かれたのもいればやめていったのもいる。最終的に、海外で個人富裕層ビジネスを経験したことのあるのは僕しか残っていなかった」

岡が立ち上げたシンガポールの富裕層チームは三井住友FGとの合弁解消の後、うまくリスタートする雰囲気だった。だが、岡がニューヨーク勤務となり、勢いをそがれてしまった。岡が上司であれば本社にサポートを要請することができる。ところが、岡以外の人間はホールセール部門の人間だ。リテールの富裕層ビジネスについて指導はできない。本社にサポートを求められる人間もいない。

ニューヨークにいた岡は「どうしたものか」と心配するしかなかった。

岡のもとにはちょくちょくGFSスタッフから悩みの連絡があり、アドバイスもしていたが、時差もあり、当時は今ほどコミュニケーションツールが発達しているわけではなく、なかなかうまくいかなかった。時折の相談でうまくいくほど簡単な状況ではなかったのである。

結局、その間シンガポールにおける富裕層ビジネスは変わらなかった。数人のチームが以前から残っている顧客に時々、株や債券を販売することを続けるしかなかった。岡の後任の拠点長は優秀な人間だったが、リテールを経験したわけではない。ホールセール部門の人間だから、自分が理解できる株、債券、インベストメント・バンキングに力を入れる。岡はニューヨークからメールを送る、あるいは電話でアドバイスする。そういう日々が続いたのだった。富裕層チームを取り巻く状況は孤立無援のままだったと言っていい。

岡、ふたたびシンガポールへ

2011年3月11日、東日本大震災が起こった。東京電力福島第一原子力発電所の炉心溶融が発生し、重大原子力事故となる。地震災害に加え、大きな原子力事故が起こったことで、第一原発に近いところに暮らしていた人間が九州、沖縄、海外へと移住する例が目立つようになっていった。

翌2012年、2年と続いたニューヨーク勤務が終わり、岡はアジアへ戻ることとなった。シンガポールを含むアジア全体の副担当役員となったのである。メインオフィスは香港だ。

シンガポール富裕層チームのことは気がかりだったが、香港にいる岡は全体のことを考えなくてはならない。最初に手を付けたのは肥大化した組織をスリムにすることだった。三井住友FGとの合弁解消後、海外部門を強化するため、現地で多くの社員を採用していた。本社の業績が厳しいなか、アジア地域が毎月出す多額の損失が大きな負担となっており、コストを切り詰めることが喫緊の課題だった。日本から派遣した駐在員を帰国させたり、また、ローカルスタッフを大幅に削減した。嫌な仕事だった。そうしたなかで、彼はシンガポールの富裕層ビジネスをテコ入れすることにした。

岡は「サポートが届かない組織になっていた。申し訳なかった」と振り返る。

「僕はまだアジア全体の責任者ではなく、副担当という形でした。香港で組織を整理するなか、シンガポールへ行き、当時、GFSと名前を付けていた富裕層ビジネスを立て直すことにしました。存亡の危機に陥っていたんです。アシスタントも含め、チームの人間は5人になっていた。5人で何とか仕事は続けていたのですが、赤字になっていました。本社ではGFSはもう閉めた方がいいという話も出ていた。そうはさせない、また、してはいけないと思った。僕にも責任の一端はあったのだから。

GFSは不遇な境遇にありました。会社組織のなかで宙ぶらりんだった。まず、彼らには彼らのビジネスを理解する日本のサポート先がなかった。大和証券はプロダクトライン制をとっていて、本来なら同じ富裕層ビジネスをやっている国内のリテール部門が見るのがいい。しかし、国内リテールの営業本部は、当時はまだ海外には不慣れで結びつけるには無理があったんです。一方で、大和証券の海外部門は機関投資家向けの業務が中心で、海外にいるのはホールセール経験スタッフだけ。この人たちには個人富裕層ビジネスはできない。どうにも困った状況でした。

さて、僕はシンガポールに帰ってきました。GFSは元気がなかった。やめる人間も出ていた。その時でした。本社からも言ってきたんですよ。

『岡、やっぱり富裕層ビジネスはやめる』って。

いや、それはよくない。そんなことはしちゃダメだ。いくらなんでもあいつらがかわいそうだ。ちゃんと立て直しをさせてください、と訴えた。そこでサポートしてくれたのが今の会長の中田誠司です。当時は役員でした。中田が味方をしてくれた。幹部に話してくれたんです。

『みなさん、岡の言うことも聞いてやってください。岡は日本に戻らず、ずっと海外で頑張ってきた。そんな岡が言うんだから、一度だけチャンスをやろうじゃありませんか』

それで首がつながったんです。シンガポールの富裕層ビジネスは2012年の段階ではやめるのがほぼ決まっていたと言えます」

中田の助けを得た岡はあらためて経営陣に訴えた。

「やらせてください。この仕事はこれから必ず伸びます。シンガポールに住んでいるシンガポール人や欧米人ではなく、移住してくる日本人をお客さまにするんです。それも引退した富裕層でなく、現役の事業をやっている方たちをお客さまにする。そうすればM&A

やインベストメント・バンキングのビジネスにも結びつきます。リテールビジネスですが、ホールセールにもつなげることができます。お願いします。やらせてください。いろいろなビジネスに発展させます」

岡は他の観点からも説得した。

「アセットを預かって、手数料をいただければ、我々の収益の安定化にもつながります。やらせてください。やめてはダメです」

すると、中田が、当時の社長であった日比野隆司に言った。

「日比野さん、岡もああ言っているし、もう一度、やりましょう」

リーマン・ショック後の赤字基調からの脱却のため、内外で大ナタを振るっていた日比野だが、「岡が本気だと言うのなら、そこはまかせてみよう」となった。

こうして、シンガポールの個人向け富裕層ビジネスは閉鎖を免れて、第二ステージが始まることになる。

1988年に岡が香港に来てから、一度は隆盛を誇った個人向け富裕層ビジネスは三井住友FGとの合弁、リーマン・ショック、東日本大震災でダメージを受け、人員もいなくなり、息も絶え絶えといった状態にまで落ち込んでいた。それが2012年前半の状況だった。

しかし、中田と岡は大和証券のリテールビジネスを進化させるためにはやらなくてはならないと決めたのである。

中田は入社以来、事業法人部門で研鑽を積んだキャリアの持ち主だ。だが、個人向け富裕層ビジネスについてはつねに関心を持っていた。閉鎖かそれとも存続かが話し合われた頃、中田はまだ大和証券グループ本社の執行役だったが、社長の日比野に強くアピールした。富裕層ビジネスが残ったのは中田の支持、そして日比野の理解があったからだ。その中田は2016年に副社長、17年に社長になる。中田がバックアップしたことが大和証券シンガポールの現在に結びついたとも言える。

香港からシンガポールへ

閉鎖を免れて、少しは安心できた岡がやったのは香港現地法人に残っていた個人口座をすべてシンガポールに移すことだった。アセットとして預かるのであれば分散させるよりも、1か所に集中させた方が効率がいい。また、預かる場所をシンガポールにしておけばマレーシア、タイ、フィリピン、インドネシアなど近隣のアジア諸国に移住している日本人富裕層も顧客の対象にできる。加えて、香港現地法人では銀行免許を返上していた。銀行免許がなければマージン取引を活用することができない。

香港に移住している日本人富裕層にとっては不便にはなるけれど、シンガポールに口座を移した方が顧客にとっては得になる。

加えて、シンガポールではさまざまな金融商品を充実させることにした。たとえば債券だ。債券は株とは違い、その証券会社が持っているもの、もしくは仕入れることができるものしか販売できない。販売する債券の種類を増やすため、シンガポールに債券に詳しい人間を連れてくることにした。債券についての情報がつねに入るような状態にするためだった。やることは無数にあり、やろうとすることを整理し、考えただけでも、頭痛がしてきた。だが、心身が疲労しようが、頭が爆発しそうになろうが、やるべきことを進めなくてはならない。

「何よりも大切なのは理念だ。数字ではない」

体験から岡はそのことをよくわかっていた。

数字を追ってただ儲けるだけではいずれ限界が来る。「稼げ、稼げ」と言って尻を叩いても人は動かない。それに、嫌々やっていることからは成果は生まれない。岡と中田はそれをよくわかっていた。

ふたりは相談して個人富裕層ビジネスをやるための理念を決めた。

何はなくとも、お客さま第一で行く。会社の都合で金融商品を薦めたりはしない。回転売買のようなことはしない。お客さまが欲しいと思う商品だけを薦める。

次に、お客さまが困っていることを解決する。シンガポールに来て、子どもの学校を探している人がいれば相談に乗る。一緒に学校まで出かけて見学する。長い間、旅行に出る顧客がいれば留守宅の風通しと簡単な掃除くらいはやる。海外のプライベートバンクがやらないようなことも進んでやる。

売り上げ至上主義にはならない。

売り上げを追求するよりも、お客さま第一主義という理念を実行する。そうして、お客さまが喜んでくれれば売り上げはついてくるし、他のお客さまを紹介もしてくれる。

「でもなあ」

岡はつぶやいた──理念を考えるのはそれほど難しいことじゃないんだ。実行するのが難しい。これまではお客さま第一主義が実行できなかったから、閉鎖されそうになった。実行し、継続するにはどうすればいいか……。

よし、それなら国内から腕利きの営業員を何人か連れてくるしかない。そうすれば国内のリテール本部もサポートしてくれる……。

岡が出した結論はそれだった。

プライベートバンキングの考え方

「お客さま第一」は世界のプライベートバンクが採っている手法とされている。

自社が出している金融商品を押し付け販売することはせず、その代わり、口座管理料を取って顧客に必要な商品を推奨する。

岡は研究していた。

「シンガポールの富裕層向けチームをもう一度、編成することにしました。そのために世界のプライベートバンクについて学んだわけです。彼らは基本的にお客さまの資産をすべて預かります。代わりに管理料を取る。そして、顧客が生命保険を担保に債券を買いたいとか、債券を担保に他の金融商品を買いたいと言ってきたら、もっともいい商品、組み合わせを考えて提案する。売買手数料よりもコンサルティングがメインです。そして、その方が収益は安定します。

私が国内からリテールの営業員を連れてこようと思ったのは、海外にいる大和証券の連中はみんなホールセールの人間だったからです。ホールセールの人間は機関投資家との仕事しかやっていないから個人の気持ちはわからない。

一方で、リテールをやっていた人間は海外で活躍するチャンスがなかった。大和証券には海外のリテール部門がなかったからです。ところが、シンガポールでやっていた富裕層ビジネスはリテールなんです。そこで、中田と決めたのはシンガポールのチームを国内のリテール部門に預かってもらうこと。

あるべき姿を整えたわけです。

大和証券シンガポールでは機関投資家向けのビジネス、インベストメント・バンキングなどをやっています。そういったセクションは従来通り、海外本部が管轄する。しかし、富裕層ビジネスだけはリテールを管轄する本部の所属にしました。

そうすれば国内の営業本部がシンガポールの支部の面倒を見ることができる。国内のバックアップがあると仕事は楽になります。僕は自分の経験から考えたんです。初めて台湾へ行った時、イエローページを見て、ひたすら電話することしかなかった。もしくは飛び込み営業です。何の紹介もないから、お客さまと出会うまですごく時間がかかるし、信頼してもらえるまでに時間が必要だった。海外の個人のお客さまは誰も大和証券なんて知らないんです。

もうひとつ、問題があるんです。ひとりの営業員である岡が苦労してお客さまを開拓したとします。すると、その人は大和証券のお客さまじゃなくて岡のお客さまになってしまう。岡のお客さまになると、岡がいなくなったらやめてしまう。

バックアップのない個人が突出して営業していたら、続かない。チームで営業して、国内の本部も力を合わせて総合力を活用しないと大和証券という会社のお客さまにはなりません。僕らは2012年からシンガポールの富裕層チームを完全に変えました。

それまでの個人営業のスタイルから国内の応援も得て営業することにしました。国内の基盤を使って営業する。国内支店が『シンガポールへ移住する』というお客さまをつかんだら、シンガポールへトスアップする。そうすれば大和証券全体のお客さまになります。担当が変わっても大和証券のお客さまです。当社は国内でも海外でもお客さまにサービスできますとアピールするようになりました」

横で見ていた男

同じ2012年、大和証券シンガポールの富裕層向けビジネスのチームが生き延びたのを隣で見ていた男がいた。遠藤亮《あきら》。遠藤は２００７年から法人向けに債券をセールスする担当として大和証券シンガポールに駐在していたのである。

遠藤は中田と岡のふたりが構想した第二ステージの富裕層ビジネスが誕生した瞬間の目撃者だ。

彼は思い出す。

「私は２００７年からシンガポールの機関投資家向けに債券を売る仕事をしていました。最初の頃、ＧＦＳは不遇でした。チームの人たちは出張が多く席にいないことが多かった。隣で働いていましたが、いったい彼らは何をやっているのだろうと思いました。

大和証券シンガポールには４つのセクションがあります。株式、債券、インベストメント・バンキング。ここまでの３つは機関投資家向けの仕事です。そして、４つめが当時、ＧＦＳと言っていた個人富裕層向けビジネスでした。ＧＦＳができたのは２００９年頃です。私は債券セクションにいましたが、社内ではＧＦＳは赤字と聞いていました。

確か５人だった。みんな頑張っていたとは思います。でも、なかなかうまくいかなかったようでした。大きく変わると聞いたのが２０１２年の終わりだったかな。その後、私は帰国したので、変化した後は見ていません」

２０１２年頃、大和証券シンガポールの収益の柱は債券ビジネスだった。それはシンガポール現地法人が設立された1972年から、同地のメガバンクDBS（The Development Bank of Singapore Limited の略。シンガポール開発銀行）と一緒に政府発行の債券を引き受けていたからだ。政府債を引き受けて現地の投資家、金融機関に売る。その後は日本の公的機関、日系企業にも売るようになっていた。また、日本の財務省が日本円で発行した債券を売ったり、アジア各国が日本円で発行するサムライ債を売る手伝いもしていた。堅実なビジネスをやっていたのである。

株の売買もやってはいたが、設立以来、大和証券のシンガポール現地法人は債券ビジネスで成り立っていた。

債券のプロ、遠藤は「大和証券はボンドハウス（債券業者）としては米国債のプライマリーディーラーとして知られています」と言った。「ニューヨークの連邦銀行がプライマリーディーラーとして上位20社を発表していますが、大和は短期国債だと1位か2位です。扱う量が大きいのです」

遠藤は言った。

「大和証券シンガポールは元々、機関投資家向けのビジネスで生まれた会社だったので、GFSは苦労していたと思います。本社からのバックアップも少なかったように思う。一方、私がいた債券チームは業績を上げていました。たとえばシンガポールのソブリンファンド（政府が出資するファンド）やシンガポール政府投資公社（ＧＩＣ）に日本の国債を売りました。ＧＩＣと並ぶテマセク・ホールディングスにも売りました。どちらも日本の民間企業の株、社債を買ってくれました。

債券の話になりますが、株とは違って基本、相対取引なんです。通常は買う側が３社程度に値段を出させて、いちばん安いところから債券を買う。株とは違って、売る側は債券を持っていないと売れません。株は公開株でしたら取引所に買える株がありますからいつでも買ってくることができます。

債券は違います。国債でしたら、レポと言って他から借りてきて渡すこともできますが、社債は持っていないと売れないのです。大和証券がボンドハウスとして強いという意味は債券の種類をたくさん所有していることでもあります。また、経営危機になった債券の銘柄は、いくらまでしか持てないというポジション枠が各社にあるのですが、大和証券はそのポジション枠が比較的大きかったりするのです」

遠藤は改革が始まった２０１２年９月に帰国する。

同じ年、遠藤と交代するように、日本からＧＦＳへひとりの営業員が赴任してきた。国内支店で営業をやっていた男、山本幸司だ。山本は以前からいる仲間たちと力を合わせて、新しいチームで営業活動を始めた。

Chapter 3

第3章 シンガポールでの生活

シンガポールの歴史

シンガポール政府観光局のホームページには同国の歴史が短くまとめられている。そこから肝心なところだけ抜粋すると次のようになる。

「シンガポールが歴史上に初めて登場するのは3世紀のこと。それ以前のシンガポールは、歴史の深い霧に覆われていいます。当時の中国の文献では、シンガポールは『プ・ルオ・チュン(Pu-luo-chung)』、つまりマレー語で『Pulau Ujong』、『半島の先端にある島』と呼ばれていました。後に、最初の入植が行われた西暦1298年から1299年の間、この都市は『テマセク』(海の街)として知られていました。」

テマセク・ホールディングスというソブリンファンドの名前はこの頃の都市名に由来する。1298年の日本は鎌倉時代。元寇の弘安の役(1281年)の後だ。

「近代のシンガポールが建国されたのは19世紀のこと。そこには、さまざまな政策と交易、

そしてトーマス・スタンフォード・ラッフルズ卿の尽力がありました。(略)

1819年1月29日、当時スマトラ島にあるベンクーレン(現在のブンクル)の副総督であったラッフルズ卿がシンガポールに上陸します。彼は、湿地に覆われたこの島に計り知れない可能性を見出し、地元の支配者と条約を取り交わし、シンガポールを交易拠点として整備しました。その後まもなく、シンガポールは中継貿易の拠点として急速な成長を遂げ、中国やインド、マレー半島をはじめ、さらに遠方の国々から多くの移住者が入植しました。」

シンガポールは交易拠点となり、マレー半島で採れた天然ゴム、採掘された錫の積出港となった。その後、第2次世界大戦の日本が占領した時代を経て、独立する。

「1959年、独立主義運動が広がる中、シンガポールはついに自治領となり、同年、初の総選挙が行われます。人民行動党(People's Action Party, PAP)は43議席と過半数を獲得し、リー・クアンユー(Lee Kuan Yew)がシンガポールの初代首相に就任。

1963年には、マラヤ連邦は、ボルネオ島のサバ・サラワク両州と合併し、マレーシア連邦を形成しました。相互の緊密なつながりを目指した合併でしたが、結果的に不成功におわり、その後2年も経たない1965年8月9日に、シンガポールはマレーシア連邦を脱退して独立。主権民主国家となりました。」

シンガポール国立博物館へ行くと、リー・クアンユーの業績をたたえたコーナー、および映像が見られる。そこを見学すると、若い弁護士だった彼が「アジアでもっとも傑出した政治家」と言われるまで、国に命と生活をささげたことが記してある。

そして、彼は国立博物館で流れる映像で、こう言っていた。

「人生に後悔はない。人生の大半をこの国のために費やしてきた。わたしがすべきことはこれ以上ない。人生を投じて得たものは『シンガポールの成功』。諦めたのは『自分の人生』だ」

マレーシア連邦を脱退した後のシンガポールは苦境にあった。産業はない。農業ができないから食料はマレーシアから輸入するしかない。しかし、その金はない。シンガポールが今のように金融、貿易で食べていくようになったのはそれしかできなかったからだ。周りをイスラム教の国々に囲まれた小国は発展するために辛酸をなめただろう。しかし、リー・クアンユーの構想力、指導力と国民の苦闘が今のシンガポールを築いた。

リー・クアンユーは日本についてあるインタビューで次のように語っている。

「移民に門戸を開かなければ日本の衰退は不可避だ。私がもし英語を話せる日本の若者だったら、恐らく国外移住を選ぶだろう」

リー・クアンユーが示唆したように、大和証券シンガポールに来た営業員たちは移住こそしていないが、いずれも自ら手を挙げてやってきた若者たちだ。……なかにはおじさんもいるが。

さて、シンガポールはマレー半島の先にある島国で、貿易の中継地として発展してきた。小さな国を貿易都市からハイテク都市、金融都市に作り替えたのは前述のようにリー・クアンユーと彼の後継者たちだ。

では、そうした国の大きさ、経済規模、そして、在留の日本人はどのくらいの数になるのだろうか。

シンガポールの経済規模

以下はシンガポール日本商工会議所と外務省ホームページによる数字である。

国名：シンガポール共和国
面積：約720平方キロメートル（東京23区622平方キロメートルよりやや大きい）
人口：約564万人
内訳：国民355万人、永住者52万人、外国人156万人
民族：中華系74%、マレー系14%、インド系9%
GDP：3721億米ドル（2020年）、3970億米ドル（2021年）
1人当たりGDP（2021年）：7万2695米ドル
※日本は3万4064米ドル（2023年12月、内閣府発表）

シンガポール日本商工会議所の規模
会員数：785会員（法人720社、個人65名、2023年）

以下は外務省のホームページより
在留邦人数（在シンガポール日本大使館への在留届数）3万2743名（2022年10月現在）
日系企業数（ジェトロ海外進出日系企業実態調査における調査対象企業数）

１０８４社・個人（２０２２年12月現在）

甘くない国民性

次の数字もまた外務省のホームページにあった。

シンガポールの兵力：正規５・１万人（陸軍４万人、海軍４０００人、空軍６０００人、デジタル・インテリジェンス軍１０００人）（出典：「ミリタリー・バランス」、シンガポール政府統計局統計、シンガポール財務省ホームページ）

シンガポールは国民が３５５万人で兵士が５万人だ。一方、日本は１億２４００万人の国民に対して自衛隊が約23万人。

国民の数を考えればシンガポールの兵力は大きい。さらに同国の国民には兵役の義務がある。男性は18歳から2年間の軍事訓練を受けなくてはならない。

いったい、これだけの兵力をもって、どこの国の侵入に備えているのか。

ある経済人は冷静に教えてくれた。

「マレーシア、インドネシアはイスラム国だ。どうなるかわからない。中国も海洋進出している」

考えてみればシンガポールはイギリスの植民地だった。戦時中は日本に占領されていた。マレーシアと一緒に独立したけれど、小さな島だけでやっていかなくてはならなかった。経済成長を追求したのも国民が豊かになるだけではなく、何かことが起こったら自分たちの実力で追い払わなければならないと自覚しているからだろう。自由主義陣営に属してはいるものの、アメリカもヨーロッパも遠い。味方をしてくれる国がすぐに駆けつけてくれることはない。

だから、それに対して備える。

日本は「世界の誰もが平和を望んでいる」と信じているけれど、日本以外の国は平和は実力で勝ち取るものとわかっている。世界の人々を道徳観念で説得しようとしても、現実の前には通じない。

日本人の考え方は理想ではあるけれど、残念ながら孤立している。シンガポールへ行くと、さまざまなところで見る断片や、会った人たちの言葉から、彼らはリアリストであり、甘い考えの持ち主ではないとわかる。

たとえば経済

シンガポールの経済成長率は次のようになっている。

実質GDP成長率
2021年：8・9パーセント
2022年：3・6パーセント
消費者物価上昇率
2021年：2・3パーセント
2022年：6・1パーセント
（どちらもシンガポール統計局）

主要な産業は次の通りだ。
製造業（エレクトロニクス、化学関連、バイオメディカル、輸送機械、精密機械）、ビジネスサービス、運輸・通信業、金融サービス業。大和証券シンガポールがやっているのは金融サービス業だ。儲かった部分から同国へ法人税を納め、なおかつ、日本本社へ送った分の利益配当は本社の収益のなかに算入される。そのなかの一部は法人税として日本の国庫に入る。

大和証券シンガポールは海外で日本人相手にビジネスをしているけれど、結局、日本政府へ税を納めている。もし、シンガポールにスイスやリヒテンシュタインのプライベートバンクしかなかったとすれば、彼らが儲けた金は日本国にはいかない。彼らの国へいく。

愛国心も含めて、日本の金融業はもっと海外に出ていってもいい。

上記のビジネス以外に成長しているのは観光業だ。コロナ禍前の2019年には約1900万人が同国を訪れている。2020年はコロナ禍で274万人だ。

観光客数はマリーナベイ・サンズが開業（2011年）する以前、2000年代は数百万人だった。それが開業以後、1000万人を超え、10年で2000万人近くになった。

マリーナベイ・サンズ開業以前のシンガポール観光についての雑誌記事を見ると、載っているのは4つだ。ラッフルズホテル、シンガポールスリング、サマセット・モーム、そして、マーライオン。4点セットに加えて、屋台のホーカーズ、チャイナタウン、リトルインディアといったところ。シンガポールには大自然があるわけではないから、観光名所を自ら作り出さなくてはならなかった。これもリー・クアンユーの仕事だ。

そうして、観光客が増えたことで儲けたのは観光施設だけではない。国内にホテルが増えた。ホテルの料金は最近、急激に上がっている。

2023年夏にシンガポールに8泊したけれど、ビジネスホテル程度のホテルが朝食付きで1泊4万5000円だった。食事も高かった。日本食レストランでラーメンと餃子で2500円。夕食でパスタとメイン、ワイン2杯なら間違いなく1万円になる。

冒頭に出てきた飲食業もやっているケルビンはこんなことを教えてくれた。

「シンガポールの不動産は高騰している。そして、不動産業者、ホテル業者、飲食業者が納める税金もまた増えている。政府は不動産の税金で潤っている。

日本からもシンガポールには数多くの飲食業が進出してきている。少し前までは回転寿司だったけれど、それはもうダメだ。日本の回転寿司はみんなマレーシアへ行った。シンガポール人は何度も日本へ行っていて、おいしいものをよく知っている。寿司を食べるなら江戸前だとわかっている。回転寿司に行くシンガポール人は減った。

シンガポールに多いのは今はラーメン店だ。だが、すぐに淘汰されるだろう。それは、シンガポールの大家は3年経ったら外国人経営のレント（家賃、地代）を1・5倍から2倍に引き上げるからだ。レントが2倍になってやっていける飲食業なんてほとんどない。日本人の経営者はちゃんとわかっているのだろうか。私には信じられない。ちゃんとやっているのはケーキのシャトレーゼくらいだ。シンガポールのレントは観光客が増えるにつれ、今後も上がっていく。ここで成功するにはレントをどう乗り越えるかだ。自分が大家になるしかない」

ケルビンは同国人ということもあるから、飲食店を出す前にまず精肉工場を作った。工場の場合、レントは小売店よりは安い。3年経ったからといって大家は2倍にはしない。工場建設は小売り店、飲食店よりも設備投資がかかっている。家賃を上げて工場が倒産したら大家も困る。

ケルビンはまず精肉工場で利益を上げ、大家と信頼関係を築いた後、3年経ってもレントが上がらないと確認したうえで大家と契約して飲食店チェーンを始めている。

彼の話を聞いて感じたのはシンガポール政府は安全保障と経済成長のために国力を注ぎ込んでいるということ。国家そのものがデベロッパーとなって観光施設を作り、空港を整備し、DX化を進めて、国の価値を上げている。そうして、増やした税収は兵力の充実と国力の伸長に回す。

DX化と非接触化する建物

コロナ禍の後のシンガポールではデジタル化と非接触化が進んだ。入国は事前登録さえしておけばQRコードをかざすだけで入国できる。係官から質問されることもない。ただし、事前登録していない観光客は入国管理のブース前で行列を作って並ばなくてはならない。出入国に関する限り、シンガポールのデジタル化は世界標準の先を行っている。

市内に入って、大和証券が入っているビル、あるいは他の企業や観光局があるビルなどを訪ねて、「日本より明らかに進んでいる」と感じたことがある。エレベーターシステムが様変わりしていた。

受付でパスポート（IDカード）を見せるとQRコードが示され、それをスマホに写し取る。エレベーター前の改札機にQRコードをかざすと、1、2、3といったエレベーターのナンバーが現れる。示されたナンバーの前で待っているとエレベーターがやってくる。乗り込むと、そのまま訪ねる先の階まで運んでいってくれる。エレベーター内にボタンはない。コロナ禍でボタンを押さなくていいように、デジタル化したのである。

シンガポールのビジネスパーソンが東京に来て、ビルのエレベーターに乗ったら、「押しボタンがあるエレベーターだ。すごい」とスマホで写真を撮ってSNSで拡散するだろう。押しボタンがあるエレベーターはシンガポールでは過去の遺物になりつつあるから。それくらい、日本のDX化は遅れている。

教育について

シンガポール政府が構造強化しているのは安全保障、経済成長と加えて教育だ。就学前から大学までの教育制度は次のようになっている。

就学前教育の施設はふたつある。2~4歳対象の保育園（Nursery School）、5~6歳対象の幼稚園（Kindergarten）。どちらも待機しなくとも入ることはできるが、自宅から遠い施設になることがある。シンガポールでは両親が働く家庭が大半だから、保育園、幼稚園の利用者は多い。

義務教育は初等教育の6歳から12歳までの6年間だ。つまり小学校だけが義務教育である。小学校では英語と母語（中国語、マレー語）を学ぶのでバイリンガルになる。

中等教育（中学校）は4~5年間で、高等教育（高校）は2~3年間。どちらも中学、高校の種類により通う年限が異なる。そして大学も3年間だ。学校年度は日本のような4月始まりではなく、1月2日に始まり、11月16日に終わる2学期制となっている。

中学を出た後のコースは4つに分かれる。

「ジュニアカレッジ（Junior College）」は、難関大学に進学を希望する生徒が集まる高校で2年間。

「普通高校」は2年間。大学進学または就職を希望する生徒が集まる。

「ポリテクニック」は、専門技術を学ぶ高等専門学校。3年間。卒業後は就職する。

「ＩＴＥ（技術教育学院）」は、国立の職業訓練校。2～3年。その後ポリテクニックでさらに2～3年学んでから就職する。

なお、大学進学率は30％前後。日本のそれ（57・7％、２０２３年）よりも低いのは国内の大学数が8校しかないこと、また、職業訓練教育が優れているから、大学へ行かなくともＩＴエンジニアなどになれるからだ。

さて、政府が力を入れているのはこうした義務教育や教育制度の充実だけではない。シンガポールには優秀な人材を国民に加えるための教育戦略がある。

手紙が来る

たとえば、シンガポールで働く外国籍の人間がいて、その人に高校生の子どもがいて、シンガポールの学校に通っているとする。その子の成績がいいと、政府から手紙が届く。

「大学に通うための奨学金を付与します」

ケルビンの話では「マレーシア、インドネシアにいる中華系の優秀な高校生にも手紙は来る」という。

手紙には次のように書いてあるらしい。

「大学の学費を援助する。その代わり、卒業後、3年間はシンガポール国内で働くこと。3年経ったら、帰国してもいいし、シンガポール国籍を得ることもできる」

詳しく説明すると、次のようになる。

シンガポール教育庁は地域の大学、ポリテクニックで勉強する優秀なシンガポール人学生および留学生に向けて授業料補助金を提供する。補助金を受ける学生はダイレクトペイメント（Direct Payment）と呼ばれる授業料のみを支払う。補助金を受けた留学生は卒業後の3年間はシンガポールで働かなくてはならない。その旨が書いてあるシンガポール政府の証書に署名しなければならない。

教育に関してもケルビンに話を聞いた。彼は言った。

「授業料を補助してもらった学生はほぼ全員、シンガポールに残ってシンガポール人になる。その方が給料がいいからだ」

シンガポール人になるには優秀な成績を収める、あるいは金持ちになって移住してきて、子どもの代でシンガポール人になることが考えられる。

シンガポールとしては国民を増やしたい。それは少子高齢化が進んでいるからだ。合計特殊出生率は2022年で1・05。日本の1・26（同年）も低いけれど、それよりもさらに低い。

それもあって出生率を上げる以外にも国民を増やすことをちゃんと考えている。しかも彼らはシンガポール国籍を持つ優秀な人間を増やそうとしている。普通の人が欲しいわけではない。優秀な人間を国民として迎えたい。そこで教育戦略を策定して実行している。日本の少子高齢化対策よりも強烈な意思が感じられる。

山本文恵のシンガポール体験

山本文恵は大和証券シンガポールのWCSで部長を務める山本幸司の妻だ。夫の幸司は2012年の末に単身で赴任。文恵は翌2013年の7月に子どもを3人連れてやってきた。シンガポールでひとり出産したので、現在は4人の子どもを育てている。上の3人は男の子で慶侍《けいじ》（高3）、亮侍《りょうじ》（中3）、誠侍《せいじ》（小6）、シンガポール生まれの紗那《さな》（小2）は女の子。

彼女は10年間、働く夫を支えてきた。しかも、誰ひとり知る人がいなかった海外で、4人の小さな子どもを育てた。

彼女は落ち着いて話をする。だが、4人の子どもが小さかった時、自宅のなかでは声を張り上げていただろう。そして、山本家には笑い声、泣き声、怒号、その他が飛び交っていたと思われる。

その彼女が現在は悠々としている。子育てという戦争の一段階目を終え、凱旋してきた将軍のような微笑を浮かべる。

文恵は「シンガポールは国民を増やすことを何よりも考えているようです」と言った。

「シンガポール政府がいちばん気にしているのは少子化でしょう。中国や香港、マレーシアから優秀な子をヘッドハンティングしています。そして、ローカルの教育を受けさせる。『シンガポーリアンになりませんか？』って手紙が来るそうです。日本人でも優秀な子には来ていますよ。もちろんうちには来ていませんが（笑）。でも、うちの子どもたちはみんな『シンガポールがいい』って言っています。日本よりも自由だから、と。

それは私も感じているんです。ここに10年間、住みましたから、自由さを感じています。そして季節です。一年中、同じ気温で冬服がなくても大丈夫なのが嬉しいです。衣替えもしません。私は日本では家族5人分の上着やら下着を出して、不要な服は片付けてっていうのをずっとやっていました。もうダメです。無理。衣替えはできません。シンガポールなら年中、半袖で過ごすことができる。主婦としては最高です。

あと、細かいことかもしれませんけれど、シンガポールって、管理されているようで管理されていないところがあります。たとえばゴミ捨て。日本みたいに分別していないんです。私はもう、燃えるごみ、燃えないゴミを分別する能力がないと感じています。ここでは全部まとめて捨てられる。政府は分別しようと言っていますけれど普通はそこまでしていません。

みなさん、シンガポールは何でもかんでも締め付けているように感じていらっしゃるかもしれません。でも、生活している面では日本よりもはるかに自由。そう、自由というより気楽。気楽なんです。たとえば、子どもを保育園に迎えに行く時の恰好も、どんな服を着ていても誰も何も言わない。日本だと化粧もして、外出着で出かけますけれど、シンガポールではMRT（都市鉄道網）に汗をかいたままのヨガのウェアで乗り込んでも、誰も気にしない。もし、日本でそんなことをしたら、じっと見つめられると思う。日本だと女性が40代になってからのノースリーブやショートパンツなんてありえないと言われますから。

日本って、日本人は感じていないけれど、目に見えない厳しいルールがある国なんです。久しぶりに日本に帰って、日本人ルールを体験したママ友に話を聞くと、『やっぱりシンガポールがいい』って言います」

国家管理が厳しい国

シンガポールではチューインガムを売っていない。ガムを持ち込むことも禁止されている。持ち込んで見つかったら罰金を取られる。また、コロナ禍で外での飲酒が禁止されていた時、店の外でビールを飲んで騒いでいた欧米人がいた。すぐに特定され、即刻、ビザが取り消され、国外追放された。

このふたつのことだけでも、がんじがらめに規制された警察国家のように感じる。しかし、今も暮らしている山本文恵ははっきりと「日本よりも気楽」と言った。

年中、温暖ということもあるだろう。Tシャツと短パンでどこでも入っていける。高級ホテル、レストラン、会員制クラブをのぞけばドレスコードもない。加えて、シンガポール人は他人の服装、化粧を気に留めたりしない。規制しているようで、どこかゆるいところがある。

たとえば、オフィスビルに入るにはＩＤかパスポートを見せなくてはならないケースがほとんどだ。だが、日本人は持って歩くことに慣れていないため、つい忘れてしまう。その場合、スマホにパスポートの写真を撮っておいて、それを見せればエントランスにいるセキュリティは笑って通してくれる。もし、これが日本だったら、セキュリティから「写真ではダメ。実物を持ってこい」と注意されるに違いない。

日本人は杓子定規だ。かつ他人を気にして、空気を読む。ケルビンが「日本人は指揮者がいなくてもオーケストラの演奏ができる」と言ったのはつねに周りを見て状況判断しているからだ。言い換えれば他人の行動に目を光らせている。一歩でも遅れないように、しかし、自分だけが目立たないように行動する。自然のうちに監視されている状態になっているから個人は警戒して、自らの行動を抑制する。目立たないようにふるまうのが習い性になっている。

ケルビンは「日本人だけが持っている強み」と言ったけれど、まさにその通り。ただし、強みではあるけれど、その考えと行動様式は世界では孤立したものと判断されるだろう。

シンガポールのスターバックスで、わたし自身、「あっ、これは日本だけのことだったのか」と思い知らされたことがある。

シンガポールのラッフルズプレイスにあるスターバックスに行き、「カフェマキアート」を頼んだ。従業員のお兄さんは明るく「Yeah!」と答えて、紙カップを取り出し、「Your name?」と訊ねてきた。姓ではない、下の名前を彼は欲していた。

わたしはカウンターの前にいた。他に客はいない。名前なんか聞かなくとも、コーヒーを作って渡せばそれで済むじゃないかと思った。第一、日本のスターバックスで名前なんか聞かれたことはない。

そこで「どうして、わたしの名前を聞くんだ？」と不機嫌に言った。

明るいお兄さんは戸惑った表情で「あなたの名前が要るんだ」と手に持った空のカップを示す。

わたしはクレーマーになった気がしたので、名前を名乗るしかないなと思ったが、ちょっと考えた末に「わかった。わたしはヨーコだ。ヨーコと書いてくれ」と伝えた。

本当はツネヨシだけれど、すぐに発音できるとは思えない。また、カウンターで押し問答して時間がかかるのが嫌だった。だって、コーヒーを一杯、飲むだけなのだから。

お兄さんはほっとした表情になって、Yokoとカップに書いた。そして、コーヒーができた。カウンターにいながらも「ヨーコ」と呼ばれたわたしはコーヒーを受け取って、手早く飲んでそこを出た。名前を特定されて落ち着かなかったからだ。

さて……。

日本のスターバックスでは客に名前を聞いたりはしない。カップには客が注文した商品名を書く。

客がカウンターにいなければ「カフェマキアートを注文した方?」と店内に向かって叫ぶのだろう。すると、注文客は現れる。カウンターが混雑していても、カフェマキアートを注文した客が複数いたとしても、最初に注文した客がカップを受け取る。

「これはオレが注文したんだ」などと混乱することはない。

ところが、日本以外の国のスターバックスではそうはいかない。どこの国でもカップには名前を書くことになっている。

ジョンはジョンが頼んだコーヒーを手にする。マリーはマリーの注文した品物を取りに来る。

日本ではそうしない。カップに名前を書かなくても、他人の注文した品物を奪う人はいない。それよりも何よりも人前で名前を呼ばれるのが嫌だからだ。わたしだって嫌だ。日本人は集団のなかに埋もれていたい。自分の顔と名前を知られたくない。たかがコーヒー一杯のために、自分をさらしたくない。自意識過剰だ。だが、日本人はそうだ。世界の人たちはたかがコーヒー一杯を頼んだだけで、他人が自分に注目するわけがないと信じている。だから、気軽に名前を告げる。

ヨガのウェアでMRTに乗っているシンガポール人は国家から厳しく管理されていると言われる。一方、電車に乗る時でも服装を整える日本人は他人の目を意識して暮らしている。監視されているとは感じないけれど、自分自身が目立つことのないように生活している。

夫の仕事をサポート

話は戻る。

文恵と子どもたちは夫、幸司の仕事をサポートしている。一家を挙げてやっている。

彼女は語る。

「夫が健康であるように、それだけを考えてやってきました。夫だけではなく、子どもたちも。シンガポールに来ている方たちのなかには出張続きの人も多いと聞きます。ここはハブ空港ですから、東南アジア全体に毎週、出かけている方がいるんです。うちの主人はそこまで出張は多くないけれど、マレーシア、タイへ行くことはあります。飛行機に乗ると疲れますから、帰ってきた日は特にやさしくします。

気をつけているのは睡眠をとること。夜は早めに寝る。あと、うちでは、みんなこまめにシャワーを浴びています。私自身はそれほどシャワーを浴びないけれど、主人と子どもたちは汗を流しています。シャワーは大事です。

仕事のサポートで言えば、お客さまが『普通の人の家のなかを見たい』と言ってこられることがあります。あと、『移住した後、子どもの教育はどうするのか?』もよく聞かれます。

家を見てみたいとおっしゃる方には来ていただきますし、学校のことも話します。実際にうちの子が通っている学校にお連れすることもあります。日本の高校からの修学旅行生を、うちの子どもたちが案内したこともあります。

この度はご購読ありがとうございます。アンケートにご協力ください。

本のタイトル

●ご購入のきっかけは何ですか?(○をお付けください。複数回答可)

1 タイトル　2 著者　3 内容・テーマ　4 帯のコピー
5 デザイン　6 人の勧め　7 インターネット
8 新聞・雑誌の広告（紙・誌名　　　　）
9 新聞・雑誌の書評や記事（紙・誌名　　　　）
10 その他(　　　　)

●本書を購入した書店をお教えください。

書店名／　　　　（所在地　　　　）

●本書のご感想やご意見をお聞かせください。

●最近面白かった本、あるいは座右の一冊があればお教えください。

●今後お読みになりたいテーマや著者など、自由にお書きください。

どうもありがとうございまし

郵便はがき

おそれいりますが
63円切手を
お貼りください。

1028641

東京都千代田区平河町2-16-1
平河町森タワー13階

プレジデント社
書籍編集部 行

フリガナ		生年（西暦） 年	
氏　名		男・女	歳
所	〒 TEL　　（　　）		
ールアドレス			
業または校　名			

記入いただいた個人情報につきましては、アンケート集計、事務連絡や弊社サービスに関する
せに利用させていただきます。法令に基づく場合を除き、ご本人の同意を得ることなく他に
たは提供することはありません。個人情報の開示・訂正・削除等についてはお客様相談
でお問い合わせください。以上にご同意の上、ご送付ください。
様相談窓口>経営企画本部 TEL03-3237-3731
社プレジデント社　個人情報保護管理者　経営企画本部長

それと、シンガポールに移住してくるママたちに感謝されたアドバイスがあります。それは『ママチャリは持ってこない方がいい』と伝えたこと。

私はママチャリを持ってきたのですけれど、シンガポールでは使えないです。乗っている人もあまり見たことがない。シンガポーリアンって自転車に乗れないんじゃないかと思う。初めて来た時は後ろと前にかごを付けたパナソニックの電動自転車で2歳の子を背負って走っていました。すると、道を行くシンガポーリアンが驚いて私を見ていました。曲芸の人だと思ったみたいです。道路に段差があるし、スコールが降るとずぶぬれだし、それでママチャリはあきらめました。今はMRTやバス、タクシーで子どもを連れていきます」

Chapter

4

第4章

ゼロからの逆転劇

2012年からのスタート

大和証券グループ本社の海外担当副社長、岡裕則によれば2012年の大和証券シンガポールは次のような状況にあった。

さかのぼる2006年、大和証券はシンガポールに富裕層向けに証券とサービスを提供する海外部署を開設した。従来の海外拠点はいずれも法人向け、つまり、機関投資家向けに日本の株、各種の債券、さまざまな金融商品を売るビジネスをやる組織だった。個人富裕層向けの海外拠点は初めての試みだったのである。

人数は5、6人。ヘッドはシンガポールにいた外資系プライベートバンクから引き抜いた。大和証券の国内からもふたりの人間を連れてきた。ところが、業績は当初思うように上がらなかった。原因はいろいろ考えられるものの、組織的なサポートを得られないなか、明確な方向性を見いだせず迷走していたのだろう。営業スタイルも「お客さまが訪ねてきたら相談に乗る」「紹介されたお客さまだけを相手にする」という受け身の方針であり、プライベートバンクとして知名度のなかった大和証券にはなかなか顧客は来なかった。以前からいた少数の顧客を相手に細々と営業するしかなかった。

2008年はリーマン・ショックだ。富裕層もまた投資に対して意欲を持つことはできなかった。

2009年、アジアを担当していた岡がニューヨーク勤務となった。同じ年、三井住友FGとの合弁が解消された。

岡は2009年、2010年時のシンガポールオフィスをこう振り返っている。

「大和証券のなかでシンガポールの富裕層向けビジネスは孤立した存在になっていました。所属するプロダクトも富裕層ビジネスはまったく理解しておらず、サポートのしようもなかった（当時は企画部門に結びつけられていた）」

大和証券の国内プロダクトとの連携は、岡がいたのでかろうじて保たれていたが、岡がニューヨークに行ってしまってからはお荷物に見られ、ほぼなくなっていた。

転機は2011年だった。東日本大震災の後、岡がアジアの担当として戻ってきた。常駐する拠点は香港だったが、副担当としてシンガポールも見ていた。岡はシンガポールの富裕層ビジネスをやり直すことに決め、当時、取締役だった現会長の中田誠司に相談した。中田もまた岡のサポートをすることに決め、そうして、閉鎖の寸前まで行っていたシンガポール富裕層ビジネスは再構築されることになったのである。

岡は当時こう決めた。

「シンガポールはアセット積み上げ型のビジネスにする。香港の日本人富裕層の口座もシンガポールに移す。カストディーと金利収入の増加を図る。何よりもこれからは本社との連携を強化する。本社にシンガポールと連携するための部署を作ってもらう。シンガポールを基地にして香港、タイ、マレーシアにいる邦人富裕層にもいずれアプローチする」

カストディーとは投資家の代理人として、有価証券の保管・管理、元利金・配当金の代理受領、預り運用資産の受け渡し決済、運用成績の管理、議決権の行使などの幅広い業務を提供する代理人業務のことだ。

こうして、2012年から岡の考えが実行に移され、大和証券シンガポールの個人富裕層向けビジネスは奇跡とも言える成長が始まることになる。

同社の社史にはアジアビジネスのその頃の状況について、簡単にまとめてある。

「三井住友FGとの合弁解消後の取引基盤強化策の一環として、『アジアに強い大和』となるべく積極的な展開を行った。アジア地域の資本と人員の増強、事業買収などを試みた段階を経て、2022年現在も現地金融機関との提携で取引基盤を整備する戦略で成長を図っている。

収支構造の改革の効果に加え、2012年末からのアベノミクスなどによる市場環境の好転を背景に、2013年度には（注：大和証券本体の）連結業績は過去最高益を更新した。翌2014年度には収益構造の改革による業績の安定性向上が評価され、信用格付けの回復も果たしている。」

山本が来た

2012年10月、ひとりの国内営業マンが大和証券シンガポールに赴任してきた。ドメスティック営業の典型だった男、山本幸司である。静岡県立掛川西高校では野球部、学習院大学（理学部物理学科）では体育会アメリカンフットボール部に所属していた。

大和証券に入社してから吉祥寺支店、名古屋支店、従業員組合の役員、銀座支店と国内支店営業まっしぐらの証券マン人生だ。そんな彼の営業人生は現実に正面から対処するものだった。証券会社の人間が売るものは主に株だった。株は上がり続けることはない。下がることもある。株は経済の反映だけではない。戦争、災害が起こっても変動する。未来のことが確実にわかる人間であれば連戦連勝だろう。だが、未来のことを確実に見通せる人間はいない。

株が上がるか下がるかは誰にもわからない。顧客は得をしたり損をしたりする。証券会社の営業員は得をした顧客に対しては連絡を絶やさない。一方、損をした顧客に対しては敬遠しがちだ。だが、山本はそうではなかった。

「損を出したお客さまにこそ逃げずに堂々と会いに行く」

それが彼の仕事のやり方だった。だから、ナンバーワン営業マンになることができた。

国内営業の時代を思い出して、彼は言う。

「お客さまに『この株がいいです』とお薦めしたとします。それが、翌日になったら10%も下がってしまう……。変動商品を扱っている証券業務においては、避けて通れないことです。そして、損をしたお客さまには電話しにくいし、逃げたくもなる。ですが、絶対に逃げないと決めて営業していました。損をした方にも電話をして会いに行く。堂々とカバーできる案をプレゼンする。

また、お薦めする商品にしても自分で考えたものだけにしました。上司に言われたとか、今はこれが人気ですといった理由で薦めたことはありません。自分が惚れ込んだ商品を薦めているからこそ、仮に価格が下がったとしても堂々と会いに行くことができるのです。

でも、それに気づくまでには時間がかかりました。最初はやっぱり損をしたお客さまに電話をすることが怖かった。怒られるんじゃないか、怒鳴られるんじゃないかと思っていましたから。でも、お客さまってやさしいんですよ。自分はお客さまに報いなくてはならないと思いました」

営業マンとして少しずつ成長していた彼は30歳になって、大きな壁にぶち当たった。仕事ではない。人生とは何かを考えるようになった。

彼は言う。

「自分は何のために仕事をしているんだと自問自答しました。本当にやりたいことは何か、人生を賭けてなすべきことは何かをずいぶんと考えました。やっと答えが出ました。私利私欲が目的では長く続かない。長く仕事を続けようと思ったら他人の喜びのために働かなくてはならない。

お客さまに喜んでもらうことを人生の目的にしよう。そうすれば毎日、フレッシュな気持ちで仕事ができる。家族にもはっきりと自分の仕事を言うことができる」

ますます営業に励んだ。そうしているうちに、「海外へ行こう」という考えが浮かんできた。日本国内の顧客だけでなく、海外の顧客にも喜んでもらう人生にしようと決意したのである。ニューヨークでも、ロンドンでも、上海でもよかったのだが、ドメスティックな営業マンを必要としていたのは、やっとのことで閉鎖を免れたシンガポールの個人富裕層ビジネスだけだった。

２０１２年、「シンガポールへ行ってくれ」という辞令が下りる。

山本は高揚した気分でシンガポールに着き、オフィスに出社した。待っていたのは過酷な現実だった。個人富裕層向けビジネスのセクションはオフィスの片隅にあり、デスクは４つしかない。メンバーは上司にあたるプレイングマネージャーがひとり、そして後輩の営業がひとり、アシスタントがふたり。山本を入れて５人しかいなかった。

部の実績はさらに厳しかった。収支はほぼトントンだったが、そこに山本の人件費を加えたら赤字になる。まずは自分自身の給料を稼がなくてはならない。ただし、顧客はゼロだ。知らない国で、得意とは言えない英語を使って、営業しなくてはならない。唯一、よかったことは日本人移住者が主なターゲットだったことだった。

そして、営業する前にまずやらなくてはならないことがあった。これは山本に限らない。それはシンガポールにおける証券営業員としての資格を取ることだ。その後、日本国内から来星（シンガポール＝星港に来ること）してきた営業員たち誰もが最初に直面する関門だ。

資格を取得するまではシンガポール国内での営業、勧誘などはできない。オフィスの片隅で英語の試験問題と格闘し、かつ内勤として先輩の補助的な仕事をするしかない。

証券資格を取得するとは……

シンガポールで金融商品の営業をするにはCMFASという資格を取ることが必要だ。日本国内で証券外務員の資格が要るのと同様で、いずれの国でも金融業にかかわるには同種の資格を持っていなくてはならない。大和証券シンガポールでも事務職員をのぞけば全員が取得している。

資格を取るための試験は英語で行われる。英語力と金融知識の双方が問われるのである。試験はシンガポール金融管理局（MAS）の施設内で実施される。とはいっても全受験者が1か所に集められてテストを受けるのではない。自分に必要な資格が4つあるとすればひとつずつ受験して合格すればいい。

筆記の試験ではなく、パソコンに向かって解答する。パソコンが置いてある部屋でそれぞれの受験者が試験を受ける。四択の答えのなかからクリックしていく。順次、設問に答えていき、最後の問題の解答をクリックして、サブミット（提出する）を押すと、その瞬間に合格不合格がわかる。

コロナ禍の2021年11月にやってきた箕田一勇也《ひゅうや》はこの試験を突破することにとても

苦労した。箕田の話しぶりから相当な心理的負荷がかかったと想像される。

それはまさに重圧だった。必要な資格試験をすべてパスしないと外へ出て営業することはできない。試験に受からずに営業するということは、運転免許証を持たずして自動車を運転するようなものだ。しかも、当時はコロナ禍だった。シンガポールのコロナ禍対策は厳しく、出社できなかったため、箕田は住まいにしていたサービスアパートメントで孤独に受験勉強をした。

本人はシンガポールに来て受験していた当時の苦しさをこう語った。

「貴重なシンガポール駐在員の枠を頂いているという重圧で、当時はとてもつらかったのを覚えています。ただその半面、受かった時は自然と声を上げてしまうほど嬉しかったです。パソコンが並んでいる会場でテストを受けて、最後の解答のボタンを押したら『pass』と出ます。あれはほんと嬉しかった。試験は科目によるのですが、短いもので1時間、長いもので2時間。僕の場合は4科目。特に1科目めに受かるまでがつらかったです」

また、続けてこのように言った。

「試験でご迷惑をお掛けしたという申し訳なさもさることながら、つらかった時に支えていただいた先輩や周りの方々に恩返しをするべく、より一層頑張らないといけないなと思っています」

岡と中田がシンガポールに「国内の営業員を異動させよう」と考えるまで、大和証券の海外支店に派遣されていたのは企画、海外部門の人間たちだった。彼らは国内にいる時から英語を使う仕事をやっていたから海外に行ってからでも資格試験をスムーズに突破することができた。一方、国内から異動した営業員たちはシンガポールに着いてからあらためて英語と金融知識、シンガポール当局の金融規制を学ばなくてはならない。試験に合格して資格を取得するまでに時間がかかるのである。

ゼロからの営業

話は2012年にやってきた山本の営業活動に戻る。来星した当初、山本はたったひとりの顧客も持っていなかった。国内ではナンバーワン営業マンだったけれど、まったくのゼロからスタートしなければならない。やったことは名簿集めだった。シンガポールに来ている日本人はたいてい「シンガポール日本商工会議所」に加入している。その名簿を当たって、個人企業の名前で入っている人間に電話営業することから始めた。大企業の人間は貧乏ではない。しかし、資産家ではない。大和証券シンガポールの顧客になるのは資産家の移住者だ。

山本は電話をかけてアポイントを取ろうとした。たいていは「結構です」と断られる。何本も電話をかける。次々と面会を断られる。それでも、たまに「じゃあ、会いましょう」と言ってくれる人がいる。

日本国内で100本の営業電話をすると99本は切られてしまう。それが、シンガポールでは100人のうち5人は面会までたどり着くことができた。傍から見ればわずかな確率だが、証券会社の営業員にとって「20人にひとり」は悪くないのである。

「日本で電話するよりよほど効率がいい」と感じた山本は機嫌よく、元気な声で、電話をかけた。

……しかし、それでもなかなか顧客を獲得することはできなかった。

「電話営業だけではダメだ」と感じた山本はシンガポールの日本料理店に置いてあるフリーペーパーに広告を載せている個人事業の事務所に飛び込み営業をした。また、大和証券と契約している弁護士事務所、会計事務所に足を運んで顧客の紹介を頼んだ。

赴任してからそうした活動を続け、加えて在住者が日本株の売買を行うのを取り次いで、少しずつ手数料を稼いだのだった。シンガポールに来て半年が過ぎた頃、初めての顧客を獲得することができた。

山本は思い出す。

「とにかく最初は苦労しました。お客さまがいなかったから、やることがないんです。ただ、東日本大震災の後で、移住する人は増えていました。弁護士事務所、会計事務所へも行きましたが、紹介してもらえるのは半年にひとりといった状態でした」

おもてなしスピリット

きっかけはひとりの資産家からの相談だった。営業しているうちに打ち解けるようになり、何度か話す機会があった。だが、その人自身は大和証券の顧客ではなかった。スイスのプライベートバンクに口座を持つ日本人移住者だったのである。

「山本くん、時間あるかな?」

「はい、もちろんです」

「じゃあ、うちに来てくれる?」

そんな会話の後、自宅へ行くと、「これに何が書いてあるか、よくわからないんだ」と見せられたのがプライベートバンクから送られてきた書類だった。「マンスリー・ステートメント」と書かれていた。

「月次収支残高の報告書ですね。私が見てもいいんですか？」

「ああ、書いてあることを説明してくれるとありがたいんだ。私は英語がわからないわけじゃないんだが、金融用語はちょっと苦手だからね」

スイス系プライベートバンクも大和証券の富裕層セクションと同じくシンガポールに登録されている会社である。シンガポールの会社である以上、金融関係企業が顧客に送る書類は同国の公用語でなくてはならない。顧客が日本人であっても書類は英語で書かれている。だが、日本人資産家にとって、すべて英語で書かれた契約書、月次収支残高報告書を理解することは簡単ではなかったのである。

山本は「かしこまりました」と返事をして、何が書いてあるか、どう返事をすればいいかを懇切丁寧に教えた。

用語の解説にとどまらず、資産家が投資した金融商品の意味、価値がどのくらいのものかまで専門家として教えた。プライベートバンクは資産家に日本人担当者を付けることはするけれど、その日本人担当者が英語の文書を細かく解説することまではやっていなかったのだろう。もし、やっていたのであれば山本の出番はなかったからだ。

シンガポールに移住する日本人資産家は誰でもほぼ英語を解する。だからといって、残高を意味する英語がステートメントだと知っているかと言えば、そうではない。ステートメントと聞くと、英語のわかる日本人は「声明」だと思ってしまう。口座の収支残高報告書だとピンと来るのは金融関係者だけだ。

通常、証券会社の担当者は顧客に自社の報告書について、わからないところを聞かれたら返事をして解説する。他社の契約書を見せられても返事のしようがない。だが、山本は困っている人を前にして、「わかりません」「他社の報告書を翻訳することは勘弁してください」とは言わなかった。

彼は言う。

「おもてなしスピリットです。大和証券に入った時から、そう教わりました。だから、お客さまの喜ぶことをやろうと決めていたのです。ただ、私自身が他社の報告書をすべて理解できているわけではありませんから『表記を完全には理解していませんよ。そういうリスクは負えませんよ』とは言いました。

私がやったのは単に収支残高報告書を翻訳しただけではありません。他の会社に口座がある人でも、お客さまのためになることは何でも積極的にやりました。すると、日本人は、やっぱりやってもらったことに対して何かお返ししなくてはという気持ちになるんです。私はそれを見込んで親切にするわけではありません。やっている時は見返りは考えていません。それがおもてなしスピリットなんです。私がやったことが他の方々にも伝わったようで、その後、『山本さん、子どもの学校を一緒に見に行ってくれないか』『シンガポールで自宅を買いたいけれど、一緒に下見してくれないか』と頼まれるようになりました。『山本くん、引っ越ししたんだけれど、日本のテレビが見られないんだ』と言われたら、すぐ飛んでいってチャンネル設定までやりました。そうすると、お客さまも『どうしたらお返しできるのかな』と考えるようなんです。全力で、まず初めにおもてなしするしかないんです」

「おもてなしスピリット」が知られるようになると、顧客がひとり、ふたりと増えていったのである。そうなると、シンガポールの金融業界でも注目を浴びて、ライバルが出てくるはずだが、真似をするところは出てこなかった。

まず、同国でプライベートバンク業務をしているスイスやアメリカの金融機関とは顧客ターゲットが異なっていた。彼らにとってシンガポールに移住している日本人資産家は主要なそれではない。なんといっても数が少ないからだ。それよりも、英語が通じるシンガポール人、もしくはシンガポールにいる欧米の資産家を対象にした方が効率がいいのである。また、欧米のプライベートバンクが日本人資産家を狙うとすればそれは日本に暮らしている富裕層だった。その方がはるかに数が多いし、日本支社にいる日本人社員が担当すればいい。そういった事情で欧米のプライベートバンクは大和証券シンガポールの営業活動を知ってはいたけれど、追随しなかった。

では、日本から進出していた金融機関はどうかと言えば、こちらもまた参入しようとはしなかった。なんといっても日系金融機関の主な仕事はシンガポールにいる機関投資家向けビジネスだ。わざわざ日本からドメスティックな営業員を呼んできて、プライベートバンキングビジネスを立ち上げようとはしなかったのである。他の日系証券会社にもプライベートバンク部門はあった。しかし、そこに所属していたのは日本人営業員ではなく、シンガポール人、欧米人である。そうなると、やはり日本人移住者ではなく、シンガポールに住んでいる英語を使う資産家に営業する。プライベートバンクの顧客は結局のところ、母国語で話してくれる営業員を望むからだ。

大和証券シンガポールが採った戦略はニッチなマーケットを攻めることであり、それは自然のうちに他社からの参入を防ぐ障壁となっていた。加えて、顧客になってもいない人間から呼ばれて、「テレビのチャンネル設定をしてくれ」と言われたとしても、欧米のプライベートバンカーはやらなかったろう。彼らはビジネスに対価を求める。顧客でもない人間の要望に応えることはない。また、顧客もそのことをよくわかっているからプライベートバンカーに雑用を頼むことはない。

大和証券シンガポールが採用したおもてなしスピリットは、ユニークで、他社がなかなか真似できない営業手法だったのである。

暴れていると聞いたから

山本がシンガポールに着任してから、2年後、自ら手を挙げて赴任してきたのが平崎晃史だ。赴任直前まで香港で働いていた平崎は「シンガポールで山本が暴れている。気を吐いている」と噂を聞き、自分もまた暴れたいと勢い込んで赴任してきた。

平崎は1984年生まれ。入社は2007年。団塊の世代が引退した時期で、新卒採用は多く、同期は1100人もいた。ただ、大量採用だったこともあり、やめる人間も多かった。同期の3割は数年のうちにやめたという。本店営業部に5年間、勤めた。本店営業部のエリアは広く、東京都と隣接している県のすべて、つまり首都圏だ。首都圏にある企業の社長に面会し、金融商品の営業をするのが仕事である。彼に限らず、当時の営業員は電話営業とアポイントなしの個別訪問が主な手法だった。その頃にはネット証券が普及していて、一般のビジネスパーソンは証券会社の店舗を訪れることもなければ、営業員と対面することもなくなっていた。すでにその頃から既存証券会社の営業員の顧客は富裕層だけになっていたのである。

平崎はテレコール、飛び込み営業、ともに苦手だった。よく言えば内省的、ざっくばらんに表現すれば引っ込み思案だったから、知らない人に話しかけることができなかった。また、「株式の営業です」と言ったとたんに「結構です」と断られると深く傷ついた。繊細な性格なのである。

新人時代、「自分にはとても株の営業はできない」と考えていた。彼が見ている限り、優秀な営業員とはブルドーザーのように進んでいく山本のような人間だ。何があってもあきらめない。断られても、追い返されそうになっても、それでも営業トークまで持っていく。そういったタイプの人間に自分を改造したいと考えてみたことはあるが、すぐに「無理だ」とあきらめた。平崎はあきらめるのも早かった。

だが、そんな静かな男がなぜか営業員として5年目に全店のMVPを受賞してしまう。営業成績がよかった人間だけが獲ることのできる表彰である。

彼は「運だけでした」と言った。

「運がいいだけです。お客さまを紹介してもらえたんです。その後、紹介に次ぐ紹介というか。どう考えてもそれだけなんですよ」

どうしてだろう。なぜ、彼に幸運が舞い降りてきたのか。わたしが顧客の立場になって彼を見ると、話すのが上手ではない。立て板に水ではなく、ぽつりぽつりと水滴が垂れるように話す。そして、「オレがオレが」というタイプではない。腰が低い。なおかつ、機嫌よく笑っている。シンガポールオフィスの受付の女性に「Thank you so much」と言いながら何度も頭を下げていた。インタビュー中、コーヒーを持ってきてくれた女性にも「Thank you so much」。受付の前にたたずんでいたランチのデリバリーマンにも「How can I help you?」と声をかけていた。人が居心地が悪い状態にいるのを見ていられない性格なのだろう。そういうキャラクターだから幸運が訪れたとしか考えられない。

シンガポールへ行こう

さて、平崎は5年間、本店営業部で仕事をした。その後、2012年に大和証券香港のエクイティ事業部へ異動した。エクイティ事業部の仕事は日本にある大和証券の支店に向けて「香港株を買うのであれば、こういうのがあります」と紹介するための香港株の企画調査だった。

平崎はその仕事に満足しなかった。そんな時、シンガポールで国内営業出身の山本が少しずつ実績を上げていると聞いたのである。

「自分もやってみたい」

平崎は直感した。営業力はあるかないかわからないが、運がある。運さえあればやっていける。それで、香港の上司に打診したところ、「わかった」と言われ、シンガポールへ行くことが決まったのだった。

平崎は「あの時は嬉しかったですね」と振り返る。

「香港で仕事をした時に初めて岡さんを始めとする先輩営業員が香港や台湾の富裕層にプライベートバンキング業務をしていたことを知りました。僕がいた時はもうそういう仕事はなかったのです。アジアではプライベートバンキングは欧米系外資の独壇場になっていたので、日本人としてはちょっと許せないなという気分もあり、そこでシンガポールでやってやろうと思ったわけです」

内省的、消極的な平崎としてはずいぶんと思い切った決断だった。だが、会社はその決断をよしとした。それで彼は香港から日本を経由せず、そのままシンガポールへ行った。台湾人の妻ももろん嫌とは言わなかった。香港でもシンガポールでも母国語の中国語、そして、英語を話すことができるからだ。

平崎の着任

オフィスに着いた時、富裕層セクションはWCSという名称になっていた。所属するものは全員で5人。平崎が加わって6人になった。業績はやっと収支トントンの状態で、平崎は自分の給料を確保するためにもすぐに営業に出なくてはならなかった。彼が見るところ、山本は忙しそうにしていたが、組織一丸となって営業活動に邁進しているといった風情ではなかったのだった。

山本以外の人間は海外への留学経験がある、あるいは英語ができるといった観点で選ばれていた。営業経験があったわけではなかったから、電話営業もおぼつかなかったし、まして、シンガポールにある日本人経営の会社や商店に飛び込み営業するなんてことはしていなかった。それでは業績が上がるはずもない。

平崎は営業を始めた。後に山本の顧客を一部引き継ぐことになったが、最初は顧客がいない。山本がやったように、シンガポール日本商工会議所の名簿を見て富裕層と見込んだ人に電話をする。また、移住した日本人が集まっていると聞けば紹介してもらって会合に出席した。元来、営業は好きではなかったが、そんなことは言っていられない。毎日、どこかへ営業に行くことを自分に課したのである。

そんなある日、社内の記録を見ていたら、口座はあるけれど、誰も接触していない顧客がいるのを見つけた。いわゆる休眠口座である。かつて1度か2度、取引したことのある顧客だが、大和証券が連絡しないままになっていた。平崎はそういう顧客に対してテレコールを行い、アポイントが取れたら会いに行くことにした。

そして、ひとりの顧客と出会った。話をしに行ったら、その顧客は「わかった。じゃあ、よろしく」と平崎に運用を依頼したのである。そして、「同じ仕事をやっているから」と仲間を何人も紹介してくれたのだった。

平崎は「恩人です」と言った。

「海事（海運、船舶関係）の仕事をしている方で、船主の方でした。シンガポールと香港は海事会社の法人税がほぼゼロなんです。シンガポールでは認定国際海運企業（Approved International Shipping Enterprise：AIS）に認定されると、外国船籍であっても海運収益に対する法人税が免除になります。平たく言えば船主であれば税金を払わなくていい。だから、シンガポールには船主が集まっています。シンガポールとしては船主からの税収を得るより多くの船に寄港してほしい。そこでお金になればいいんでしょう。世界ではシンガポールの他にパナマでも同じような優遇制度があります。ですが、日本人でパナマに住んでいる人って、あまり聞いたことがない。

船主さんはタンカー、バルカー（バラ積み船）などを所有していて、それを日本郵船、川崎汽船といった運行会社に貸し出す。マンション経営する不動産オーナーみたいな存在です。

タンカー、バルカーは何十億もする船です。1隻を売って、新しい船を建造する場合、日本で売ると、利益に税金がかかる。ところが、シンガポールではかかりません。利益をストックしてさらに高価な船を買うことができる。日本だと税金を取られるから新型の船を買おうとしてもなかなか買えない。すると、香港やシンガポールの競合他社に負けてしまう。そこで船主さんはシンガポールに住むんです」

平崎の話を聞いていると、金持ちでいることを続けるためには猛烈に働くだけでなく、税の知識が必要だとわかる。

シンガポールが海事会社を優遇し、税金を免除した結果、同国に移住する船主は増えた。そうなると船籍を置く船、寄港する船舶、コンテナの取扱量が増加する。港湾の使用料、港で補給する燃料などの供給も増えていくから船主から入る税収をあきらめても、全体としては儲かる。

平崎はやはり幸運だ。シンガポールならではの仕事をしている顧客に出会うことができたのである。

アイ・ラブ・ユー作戦

顧客を獲得した直後から、平崎は営業に打ち込んだ。それは「株を買ってくれ」「債券もお願いします」といったストレートな売り込みではない。

「人間としてリスペクトして好きになる」ことが彼の営業だ。

平崎の言葉ではこうなる。

「お客さまを好きになります。アイ・ラブ・ユー作戦と言いますか。何を望んでいるかを一日中、考えることです。この金融商品を売ろうではありません。生活のすべてを投入して、サービスするのです。だから、心からサービスしたいと思う人じゃないと、もうやりたくないんです」

彼は昭和の営業マンになった。夜中の1時に枕元に置いてある電話が鳴ったとする。かけてきたのが顧客だったとする。

「平崎くん、今、飲んでるんだけれど、もしよかったら来る?」

「行きます」と電話を切って、シャワーを浴びて、30分以内には店に到着するようにした。深夜でなくとも、週のうち4回から5回は顧客と食事をした。行くところは高い店ではない。居酒屋が多い。打ち合わせを兼ねた接待ではあるが、大和証券がすべて支払うわけではない。割り勘だったり、顧客がごちそうしてくれることもある。社員と顧客という立場は変わらない。だが、意識の底では顧客も平崎も「オレたちは外地で働く同志だ」と思い込んだ。

食事や酒席をともにするだけではない。ある顧客とは週末にタイへ出張に行った。その顧客はシンガポールに本拠を置き、タイ、マレーシアなどで事業を行っている。

「平崎くんには僕がやっている仕事を見てほしい」

そう誘われたので、ふたつ返事で出張することにした。週末は通常、妻と3人の子どものために空けてあるのだが、休日を振り替えて出張に出かけたのである。妻と子どもには顧客がプーパッポンカリー（蟹カレー）を土産にしてくれた。シンガポールにも同じものはあるのだが、平崎によれば「タイのプーパッポンカリーの方がぜんぜんおいしい」。

独自に開発した昭和的な営業手法はその後、平崎から後輩たちへ受け継がれていった。直近まで支店営業で優績者（優秀成績者）であった箕田は平崎の愛弟子だ。箕田もまたアイ・ラブ・ユー作戦で成果を上げている。

お客さまを取り返せ

顧客と付き合っていくうちにわかったことは、休眠となっていた顧客は外資系のプライベートバンクと取引していたことだ。平崎が食い込んでいった時も並行して外資系企業と取引している顧客がほとんどだった。

だが、それに気づいた平崎は「ますます燃えた」。

「僕のお客さまは結構、外資系と付き合っていました。特に大口のお客さまは全員、そうでした。そうすると、僕は燃えるんです。よし、奪い返してやろうと思う。さらにお客さまを好きになってしまえばいい。すると、お客さまはこう言います。『平崎くん、僕は英語はできる。だから外資系とも取引している。しかし、この運用はあえて平崎くんにまかせたい』

営業をやっていて、『やった』と言える瞬間ですよ。シンガポールに移住している資産家のお客さまが求めているのは、お金儲けや金融商品の解説だけではないと思います。金融知識で言えば、我々よりも詳しい方もいらっしゃいます。事業をやっているから、お金の儲け方もよく知っています。その人たちが僕たちに求めるのは、お金の儲け方じゃなくて、もっと深い、人間的な付き合いなんじゃないかと……」

外資系プライベートバンクも顧客に対して接待する。だが、眠っている最中に呼び出されても出ていくことはない。居酒屋で割り勘で飲むこともない。彼らがやるとすればレストランを借り切ってシャンパンを開けたり、プールサイド・パーティを開いたりすることだ。そして、シンガポールグランプリの観客席を押さえて、特別室でパーティを開くこともやる。ゴルフコンペの賞品だって破格だ。

ある外資系プライベートバンクが開催した顧客向けゴルフコンペの「ホールインワン賞」はフェラーリ1台だったという。

一方、大和証券シンガポールの富裕層セクションもまたゴルフコンペで賞品を出す。しかし、いたってつつましいもので、優勝した人でもシンガポール高島屋の商品券だ。フェラーリ1台とはずいぶん違う。それでも外資系プライベートバンクより大和証券を贔屓にする資産家がいるのは、金だけではないサービスやコミュニケーションを求める人がいるからだ。

庶民は富裕層、資産家と聞くと、金だけを追求する合理的人間と思い込むところがある。けれど、人間は複雑だ。金持ちほど金の価値をさほど評価していないところもある。金を持った人間のなかには永遠に増やしてやろうと思う人もいるだろうが、むしろ、増やさなくてもいいけれど、減らしたくないと考えている人が多いのではないか。

山本、平崎を始めとする営業の星たちが来星してきて、彼らは営業カルチャーを変えた。欧米系プライベートバンクの手法を真似したのではなく、日本国内でやってきたことをシンガポールでも続けた。おもてなしスピリットと昭和的営業手法で顧客と付き合うことにしたのである。そうしてみたら、意外と通用してしまった。思えば、彼らがサービスした相手は移住してきた日本人富裕層だ。国内の富裕層と付き合ってきた練達の彼らにしてみればやっていることは同じだったのである。

接待だけが昭和的営業ではない

平崎が担当している顧客の数は決して多くはない。口座の数で言えば二十数件。これは同社の営業員の平均的口座数のおよそ半分だという。それでも多いように感じるけれど、個人客の場合、機関投資家のように毎日、株や債券を売買するわけではない。1年に数回程度が平均ではないか。それくらいの売買頻度であれば50人の顧客を相手にすることも不可能ではない。

平崎は「お客さまの数を増やさないことは自分のポリシーだ」と言う。

「関わる人を少なくして、そのファミリーに対して、できる限りのサービスをしたい。一日、24時間しかないので、僕には50件は無理です。その代わりお客さまがやりたいことは全部かなえてあげたい。どんなわがままでもかなえてあげたい。

僕は徹底的にやります。ある金融系のお客さまは株、債券の売買をやられるんですが、その人がやると言ったら、場が開いている午前8時から午後2時までは電話をつなぎっぱなし。昼休みも席で弁当を食べながら売買します。シンガポールの株だけでなく、日本株もやります。時差が1時間ですから、昼ごはんは10時30分から11時30分に食べる。日本より1時間早いんです。席で昼ごはんをかき込んで、お客さまとの会話に戻る。そして、そんな自分が好きみたいなところがある。きっと、昭和の証券営業マンって、みんなそんな感じだったんじゃないかな」

続いてやってきた男

森本博仁が大和証券シンガポールのＷＣＳにやってきたのは２０１６年。国内営業員をシンガポールに派遣し始めてから5年目のことだ。山本、平崎の「おもてなしスピリット」と昭和的営業がある程度の結果を残し始めた時期でもある。

森本は兵庫県三木市に生まれた。父親は会社経営者。インテリア関係の会社だったが、父親は「オレの本業は会社の経営じゃない。自分の作品を作ることだ」と言っていた。仕事の傍らというか、一日の大半は絵を描いたり、陶芸をやったりしていたのである。自宅に登り窯まで設けていたというから、陶芸家と名乗ってもおかしくはない。だが、森本が12歳の時、父親はがんで亡くなった。残された母親が事務職として働き、森本と妹を育てた。

「親孝行しなくちゃいけないですよね。でも、うちの母はまだ働いているので、シンガポールに呼んだこともない。僕は現代アートが好きなんですが、それは父親の影響かもしれません。僕もやはり父みたいに職人風の営業をしていると思っています」

大和証券に入社した後、川崎支店に配属された。5年間、靴底をすり減らし、川崎の町を歩き回って営業した。地域の中堅企業経営者を訪問するのが日課だった。ビルに入っている企業、通りの両側に事務所を構えている会社、どんなところでも飛び込んでいって名刺を渡してきた。ガッツのある男なのである。

彼にはどうしても忘れられないことがある。

まだ営業を始めたばかりの頃だった。いつものように飛び込み営業をしたら、そこの社長に「いや、いいんだ。株を買う気はない」とやさしい口調で断られた。しかし、営業員の仕事は断られてから始まる。

「いえいえ、社長、もしかすると気が変わることもあるかもしれません。名刺だけ受け取っていただけませんか」

森本は笑みをたたえて言った。ただし、営業用の微笑みではある。

「いや、いらない。気が変わることはないから、名刺は要らない。だいたい、お前の会社はオレにいくら損をさせたと思っているんだ」

「社長、わかりました。すみませんでした。名刺はここに置いて帰ります」

そう言って、社長の机の上に名刺を置いたら、社長は手に取り、顔色も変えずに、森本の名刺を破り捨て、そのまま灰皿に捨てた。

森本は様子をじっと見た。灰皿に捨てられた名刺をストップモーションで見つめて、そのまま何も言わずに軽く会釈して帰ってきた。

証券会社の営業員であれば、それに近い経験を持っている者は少なくないだろう。この時、森本は心の底から「お客さまに喜んでいただける営業員になりたい」と感じた。

川崎支店の後、本社のウェルスマネジメント部という富裕層向けビジネスのセクションに移る。ただ、そこは営業のサポートをする部署だ。支店の営業員が担当する顧客が事業承継、相続、海外移住などに「関心がある」となったら、本社からウェルスマネジメント部の部員が出ていって相談に乗る。

この時の経験は今も大いに役立っている。相続・事業継承や海外絡みの税制の基礎知識はこのウェルスマネジメント部で学んだ。

ウェルスマネジメント部の仕事はスタッフ業務だ。数字の目標は持たない。支店営業員のサポートをする。それでも結果を残したら、顧客からも営業員からも感謝される。数字目標はないから、大きなプレッシャーがかかるわけではない。しかし、森本は物足りない気分だった。

「基本的には感謝される、非常にいい仕事だったのですが、自分はやっぱり最前線で営業をやりたいと思ってシンガポールに来たんです」

ただし、来た当初は「ほんときつかった」と言う。

「人脈も何もないからお客さまはゼロなんです。山本さん、平崎さんは実績を上げていましたけれど、自分はゼロ。きつかったです。最初は県人会、日本人会の集まりに顔を出すところから始めました。シンガポールの県人会はその県で生まれていなくてもいいんです。その県で働いたことがあるとか、短い期間でも住んでいたことがあれば出席してもいい。

僕は2桁の県人会に参加しました。そこの賀詞交換会とかクリスマスパーティとかに参加して、移住者の資産家に出会うチャンスを待つわけです。資産家とは滅多に会えませんから、そこで聞いた情報を元に飛び込み営業も行いました。

たまたま県人会で出会った、ある経営者の方が口座を開いてくれました。ひとり、お客さまができればその後は紹介とか噂を聞いた人から連絡があったりします。最初のひとりなんです。いちばん、難しいのは」

一般の定義では富裕層とは金融資産で1億円以上を持つ人を言う。ただ、シンガポールのプライベートバンキングで実際に運用している人はもう少し大きな金額のようだ。

金融資産で数億円を運用している人が多数派で、30億円から100億円の人がたまにいる。100億円以上を動かす人は他人に頼むこともあるけれど、自分自身の運用会社を持つケースが多い。

わたしの推測になるが、シンガポール、香港など海外に移住して資産を活用しようとする人は少なくとも数億円、ボリュームゾーンは20億円から30億円ではないかと思われる。

さて、森本もまた昭和的営業手法で顧客を増やしていった。

「最初は誰でも参加できる県人会といった地元のサークルに入る。そこで核になりそうな人を見つける。すると、核になりそうな人が資産家同士でクローズな会を開いています。

そういうところに連れていってもらって、少しずつ人脈を増やしていく。すぐにお金の話はしません。関係を維持しながら、お客さまに必要としていただいた時に口座開設をいただきます。チャンスが来た時にお客さまになっていただく。

お金持ちであっても、お客さまにできない方もいるんです。反社会的ビジネスとかマネーロンダリングにつながる商品の売買をやっていらっしゃる方は無理です。それはうちだけではありません。お金さえ持っていればいいわけではないんです」

富裕層ビジネスにおいて、顧客から信頼されるひとつの理由として、森本は「シンガポールに長く暮らしていること」を挙げる。

「お客さまとよい関係を構築するには長くここにいることが大事です。通常、日本から海外に駐在する期間は2、3年でしょう。長くて4年くらいですか。でも、移住している方々は短くても10年はシンガポールで暮らそうとしている方たちです。お金持ちは担当者を信用するまで時間をかけます。そして一度、担当として認めた人間とは長く関係を維持したい。それはお金、家族といった個人情報を何人もの担当者に打ち明けたくない気持ちがあるからです。担当者としても時間をかけたお客さまとはずっと付き合っていきたい。そうすれば『いつも、世話をかけるね。お金が入ったら預けるよ』みたいなことがあるからです。

僕は口座の有無にかかわらず、お付き合いさせていただきたい方とは、お役に立てるように関係を維持しています。その方の好きなこと、好きなものがわかれば、『ちょっと面白い店を見つけたんで一緒に行きませんか』といった形でつなげていく。アートが好きなお客さまだったら、アートフェアに誘ってみる。ちょっとずつ関係を作っていく感じです。営業員としては現代アート鑑賞なんて趣味はものすごく狭いけれど、でも、同じ趣味のお客さまがいればこれ以上のことはない。富裕層ビジネスの営業員は自分が好きなもの、得意なことを持っている方がいいと思います」

会社が薦める商品はない

森本は自分が信じる商品以外は薦めないことにしている。そして、大和証券シンガポールのWCSは「みんなで売ってくれ」と特定の金融商品を薦めることはない。

彼は言う。

「お客さまとの関係はもうウィンウィン以外はあり得ないです。もちろん相場次第で嫌な思いをすることはありますが。

お客さまだけがいい思いをすることもなければ、僕たちだけが得をする商品を売ることもない。長くいい関係を続けていくにはお互いが得をする関係を構築するしかありません。大和証券シンガポールでは、日本の大和証券が持っている債券も外資系金融機関が持っている債券も、条件を聞いて、いちばんいいところの債券を仕入れて案内できる。何を言いたいかってことですが、シンガポールでは僕たち目線じゃなく徹底的にお客さま目線で仕事ができる。これは何もうちだけじゃありません。シンガポールの金融機関、どこも同じです。そうでないとここで競争できません。

金融商品はどんなものであれ、リスクとコストにリターンが見合う商品やサービスを選ばなければならないんです。私はお客さまに喜んでもらえる確率を少しでも上げたいんです」

Chapter

5

第5章

チーム大和証券

移住者は増える

大和証券の岡、中田が国内からやり手の営業員を派遣してシンガポール富裕層セクションを活性化させたのは2012年からだった。その年山本が着任し、2014年に平崎、その後、森本が2016年に着任した。国内営業出身者が3人になった頃から、富裕層ビジネスはテイクオフしたと言っていい。

同じ時期、日本を出て、海外に住む日本人（海外在留邦人）の数は増えていた。シンガポールで暮らす日本人も増加していたから、移住者向けビジネスのマーケット環境もよくなっていたのである。

海外在留邦人の数は、2021年は全体で134万4900人。そのうち長期滞在者が80万7238人で、永住者が53万7662人。

全体数はバブル景気の最中、1989年が58万6972人で、30年後の2019年が141万356人だ。海外在留邦人は昭和の終わりから着実に増えていたのだが、ここへきて新型コロナウイルス感染拡大の影響を受けたため、2020年からは減少している。

ただし、コロナ禍で減ったのは永住者よりもむしろビジネスで駐在していた長期滞在者

だろう。（「海外在留邦人数調査統計」外務省・2022年10月1日発表）

そして、数の推移を眺めると、2011年の東日本大震災の後、増え方が大きくなっていることがわかる。

思えば、あの頃、放射性物質による影響を恐れて東京から九州、沖縄へ転居する人たちがいた。海外へ移住した人たちもそうした影響を考えていたのだろう。

もう少し、詳しく見ると、国別ではもっとも居住者が多いのがアメリカ（米国）だ。国別では、「米国」にいる在留邦人は42万9889人。次が「中国」で10万7715人。3位以下は「オーストラリア」が9万3451人、「タイ」が8万2574人、「カナダ」が7万8992人となっている。

滞在する都市別では1位が「ロサンゼルス都市圏」。在留邦人は6万7107人。2位は「バンコク」で5万9744人、3位が「ニューヨーク都市圏」で3万9932人。4位の「上海」は3万7968人、5位が「シンガポール」で3万6200人（2021年のデータ）。

シンガポールにいる在留邦人のうち、未成年者、専業主婦をのぞき、さらに駐在している人間を除外すると資産家はおそらく数千人だと思われる。少ない数字ではないが、ただ、ライバルの欧米系プライベートバンクもいるわけだから、営業は楽ではない。

また、富裕層の国をまたいだ流入、流出については次のようなレポートがある。

「『富裕層の流入が多い国』の2022年ランキングでは、アラブ首長国連邦（UAE）がトップとなると予測されている。これは、2022年6月13日にロンドンで発表された最新版の『ヘンリー・グローバル・シチズンズ・リポート（Henley Global Citizens Report）』で明らかになったことだ。

今回のリポートによると、富裕層の流入が多い国のトップ10には、上から順にUAE、オーストラリア、シンガポール、イスラエル、スイス、米国、ポルトガル、ギリシャ、カナダ、ニュージーランドがランクインした。ここで言う富裕層とは、米ドル換算で100万ドル以上の資産を持つ人々で、リポートではこうした人たちを『個人富裕層（high net worth individuals：HNWI）』と呼んでいる。

逆に、流出が最も多かった国や地域については、多い順にロシア、中国、インド、香港、ウクライナ、ブラジル、英国、メキシコ、サウジアラビア、インドネシアが並んだ。調査会社ニュー・ワールド・ウェルス（New World Wealth）のデータを引用する形で、ヘンリーはそう報告している。」（「Forbes JAPAN」2022年6月25日）

シンガポールには世界各国から富裕層が流入していて世界第3位。一方、この調査では日本からの流出は明らかになっていない。

シンガポールには富裕層が流入し、日本からは富裕層が出国しつつあると言える。出国した日本人富裕層の資産運用がすべて世界のプライベートバンクに流れてしまうのは日本にとって得ではない。となると、大和証券シンガポールのWCSのような資産運用会社が世界へ出ていくことは日本にとって悪いことではない。

連携の始まり

大和証券のホームページには次のようなことが書いてある。

「大和シンガポールは日本居住者に対する勧誘行為を行なうことはできません。大和証券株式会社は大和シンガポールへお客さまの紹介業務を行なう際には、紹介業務の範囲を超えて、以下の行為を行なうことはできません。

1 金融商品に関するお客さまへの助言や推奨・勧誘
2 金融商品の募集・販売
3 生命保険契約の勧誘・取次ぎ

大和証券株式会社は大和シンガポールへお客さまの紹介業務を行なうことにより、大和シンガポールから、その報酬対価を受け取っています。」

大和証券シンガポールだけができないのではなく、「日本における金融商品取引業者」に登録されていない人間、企業は日本国民に金融商品の募集や販売をしてはならないのである。スイスのプライベートバンクの日本支店（登録されている場合）の人間は日本人顧客に対して募集、販売はできるが、スイス本社の人間はできない。

「ひゅーや、お客さまを紹介してもいい？」

国内支店と協働し、若手ながら顧客拡大につなげているのが箕田一勇也だ。彼は入社から一度も異動がなく、人生において海外経験もなかったため、初の異動である大和証券シンガポールへの転勤に当初は苦労していた。そして、海外生活を立ち上げているさなかにも富裕層顧客への対応に追われた。

全国の支店にいる仲間たちからの電話が鳴り止まなかったのである。

彼は言う。

「シンガポールでの生活が始まってから、全国の仲間が連絡してきてくれたんです。全国の優績者懇親会などをきっかけに知り合った同僚から、その友人へ。さらにその友人から次の友人へ、紹介が広がっていきました。

松山支店にいる後輩、銀座支店の同期、大分支店にいる先輩……、千葉のうすい支店営業時代に知り合った元ライバルたちが『ひゅーや、今度こういう人がシンガポールに移住するよ』と教えてくれたんです。

みんな、『ひゅーやがシンガポールに行ったおかげで、シンガポールでどのようなビジネスをしているのか、日本のお客さまにどのようなソリューションが提供できるのか気軽に相談できるようになった』と言ってくれます。なかには、『オレもシンガポールで営業やりたい』って言ってくる人もいます」

口座を開く資格

ここで説明が必要なのが大和証券シンガポールWCSで口座を開く場合の条件だろう。

口座開設するには次のような条件がある。

個人の場合

シンガポール、香港など海外に住む人、および移住する予定がある人

そして金融資産で200万シンガポールドル以上を持っている人、なおかつ、金融資産を運用する予定の人

もしくは30万シンガポールドル以上の年間収入がある人

法人の場合

海外に資産管理会社、ファミリーオフィスがある法人

純資産1000万シンガポールドル以上を保有する法人

※1シンガポールドル（SGD）＝約110円（2024年3月時点）

いくらお金を持っていても、日本国内に住んでいる人は口座を開設することはできない。国内に住む人は日本の大和証券で口座を開設し、運用してくれということだ。法人の場合、シンガポール籍の法人でなくともいい。マレーシアでもタイでもかまわない。ただし、日本国内の法人は口座を開くことはできない。

いずれにせよ富裕層でなくては口座を持つことはできない。

富裕層について公的機関が明確な定義を規定しているわけではない。業界では野村総合研究所の調査をひとつの基準にしているようだ。

それによると富裕層とは「純金融資産保有額1億円以上5億円未満」の世帯だ。さらに、「純金融資産保有額5億円以上」の世帯を超富裕層と言う。純金融資産とは現金、預貯金、株式、債券、投資信託、生命保険などのこと。不動産は入らない。

そうなると中堅企業以上の経営者であれば富裕層に値するのではないか。2021年の同調査によれば日本の富裕層は139・5万世帯、超富裕層が9・0万世帯となっている。

そして、東日本大震災の後、右記に入る富裕層のなかから海外移住を実行する人が少しずつだが増えてきている。

サポートする人たち

WCSの営業をサポートしているのは国内支店だけではない。シンガポールにいる弁護士、税理士、会計士、不動産や学校関係のプロといった専門家たちも彼らに力を貸している。

たとえば、国内支店から移住希望者を紹介されたとする。希望者は必ず下見にシンガポールに来る。その時、ＷＣＳの人間はチャンギ国際空港まで迎えに来て、まず長期滞在ビザの取得について専門家、弁護士を紹介する。次に、不動産業者を紹介する。さらに、弁護士、会計士に同地での会社設立についてレクチャーをしてもらう。税金関係については税理士を紹介する。子どもたちの学校については営業員が下見に付き合う。加えて、学校のコンサルタントをやっている専門家を引き合わせる。

営業員が移住者に口座の開設を勧めるのはその後だ。空港に着いたとたんに「資産運用しませんか」といった話をするわけではない。暮らしが落ち着くまでは移住と生活と教育についてのサービスを専門家と一緒に行う。ＷＣＳは生活サービスについては無償だ。だが、移住者としてはそこまでサービスをしてもらって、「資産運用は欧米のプライベートバンクにまかせる」とは言いにくい。

ＷＣＳの営業員がやっている昭和的営業手法とは義理と人情のサービスなのである。

山本が赴任してきた２０１２年当時はまだこうした専門家ネットワークができていなかった。専門家たちにしてみても、大和証券のＷＣＳに営業力があるのかどうかわからなかったから、様子を見ていたのだろう。だが、彼らは順調に顧客を増やしていった。なおかつ、日本国内からの新しい移住者を連れてくるようになった。そうなると、専門家軍団もまたWCSのために労をいとわないようになってきたのだろう。

物事はひとつがうまくいくと、回りだすようになっている。WCSの営業員は口座を開いた後も金の話だけをするわけではない。移住者が家族でマレーシア、タイ、カンボジアへ旅行する時なども相談に乗る。予約の取りにくい人気のホテルやレストランなどのリザーブを代行することもある。ただし、移住者家族が出発する時に空港まで行って旗を振るかと言えば、そこまではしない。

営業員の家族からのサポート

WCSの業績が上がっている裏には国内からのサポート、現地専門家たちからの支援がある。国内支店の仲間、現地の専門家もWCSチームの一員と言える。そして、忘れてはならないのが家族だ。営業員たちがもっとも力をもらっているのは日本から来て一緒に暮らしている家族からだ。伴侶がいて、子どもたちがいるからこそ外地でゼロからの営業に励むことができる。ちなみに部長の山本、そして7人の営業員はいずれも家族同伴で赴任している。

繰り返しになるが、山本の妻、文恵は「サポートしている自覚はないです」とは言うものの、夫であり、子どもたちの父親である山本を心から応援していることがわかる。

「主人がとにかく健康であること。健康でないと仕事ができませんので、健康を保つことに注意しています。

他に手助けと言えば、移住者の方が下見に来て、シンガポールの家の様子が見たいと言われればうちを開放して歓待します。そしてお子さんの教育のことで話が聞きたいと食事などに誘われれば喜んで参加します。私はこちらで4人の子どもを育てていますし、出産も経験しています。うちの子どもたちは、それぞれ異なる学校（インターナショナル校、ローカル校）に通っていて、シンガポールの教育に関して経験してきたことをベースにある程度のことはお話しできると思うんです」

森本の妻、南海子《なみこ》もまた「特別なことをしている意識はないけれど、でも、できることは何でもやりたいと思っています」と言う。

「主人とは大和証券で出会って、その後、私は転職して、別の会社で働きながら結婚しました。シンガポールに来たのは2016年で、来る直前まで働いていました。来た時、子どもは日系の幼稚園に通い、今はインターナショナルの中学校です。コロナ禍の前まで私はオーチャードにある酢重《すじゅう》という日本料理店でホールスタッフのアルバイトをやっていました。店のレジをやり、カスタマー席に案内しました。ただ、コロナ禍になって政府がシンガポーリアンの雇用をより守るため、労働ビザを持っていない人は仕事をする条件がとても厳しくなり、私は再契約することができなかったんです。飲食店での仕事はすごく楽しかったから、またやりたいのですけれど。

生活でいちばん困るのは物価の高さと英語をしゃべらなければならないこと。物価は本当に高い。3人で外食すると普通の店でも、和食であれば最低でも1万5000円はかかります。英語は簡単なものならいいけれど、最初のうちは難しい英語がわからないので困りました。でもスマホの翻訳アプリを利用すればタイピングすればいいから楽です。シンガポールはいいところです。人はやさしく、治安はいいし、季節の変わり目で風邪をひくこともない。雨季と乾季くらいで気温は変わりませんから。それにどこへ行くにも通勤ラッシュ、電車の人混みもありません。

仕事のサポートについては、私、自分の生活を顧みても、主人にこんなサポートをしていますって言えるようなことはまったくないんです。でも仕事に専念できるように、配慮はしています。たとえば、スケジュールが立て込んで、疲れ気味な時はなるべくやさしくします。そして、何事も主人の時間を使わないように、自分でできることは何でもやるようにしています。息子の学校関係は私がメインの担当です。

日本人が子どもをインターナショナル校に通わせているケースって、母親がひとりでやるタイプ、両親がそろってやるタイプのふたつがあります。ですが、うちは夫がほんとに忙しいから、私自身が何でもやるようにしています。自分の英語力に自信があるわけじゃないので、主人に頼りたいところは頼りたい。でも、彼がいなくても何とかできるように頑張る。先生の話は終わった後で、『すみません、メールにして送ってください』と言うことにしています。インターナショナル校の先生方だってネイティブじゃないペアレンツに慣れていますから、そう言ったら、ちゃんとメールをくれます。

主人には息子が活躍するシーンだけは見てほしい。ですから、息子が出るイベントは一緒に行くことにしています。主人は『仕事に専念できる環境を作ってくれて、とてもありがたい』とよく言っています」

山本文恵、森本南海子ともに仕事場に出ていくわけではない。妻たちのサポートとは夫の健康を守ること、ストレスをかけないようにやさしくすることだ。夫が昭和の営業で稼いでいる間、妻は昭和の妻のように黙々と家庭を守る。彼女たちは夫を送り出し、慣れない英語でシンガポール生活に立ち向かっている。夫に働いてもらうための環境整備にエネルギーを使い、もっぱらひとりで海外在住のストレスを受け止めている。彼女たちは自分自身が自立することが結果として夫への支援となると理解して行動している。

彼女たちは自立している。主張をせず、家庭を切り回している。大和証券会長の中田、副社長の岡が感謝する相手は海外支店で働く社員ではなく、妻たちだ。わたしはそう思う。

利益よりもまず理念の組織

大和証券シンガポールのＷＣＳは変わった。それまでの富裕層セクションに所属していたのは英語が上手な国際派だった。彼らが個々の努力で資産家に対してサービスを行っていた。組織とはいえせいぜい３、４人であり、ヘッドは欧米系プライベートバンクからスカウトしてきた人材だった。ヘッドがやっていたのは欧米系のやり方を真似たサービスだった。しかも、国内支店からの応援はなかった。それぞれが孤立した営業組織だった。モチベーションは上がらず、業績もなかなか伸びていかなかった。

岡と中田はそれを変えた。ひとことで言えば「勝てる営業組織」にした。

利益を追求する、売り上げを追求する組織から、独自の理念を実現する組織に変えたのである。独自の理念とはおもてなしだ。移住してきた日本人資産家向けに、おもてなしスピリットで徹底的にサービスする。

おもてなしを徹底させるために国内からモチベーションの高い営業員を呼んできた。英語力よりも顧客とのコミュニケーション力を重要視したのである。

国内のトップ営業員はやる気に満ちていた。これまでは国内支店に配属されたら、まず海外勤務はあり得なかった。ところが、シンガポールのＷＣＳという行き先ができた。やる気を持って海を渡ってきたのである。

岡と中田はやる気のある営業員をシンガポールに配属したため結果としてＷＣＳはモチベーションの高い組織になった。これはとても大きな改革だった。なぜなら、やる気のある組織を編成することは極めて難しい。岡と中田は海外勤務という目標を与えて、国内営業員のモチベーションをさらに上げたのである。

現在、日本企業における最大の問題点は従業員のモチベーションが低いことだ。アメリカの調査会社ギャラップは毎年、「グローバル職場環境調査」を行っている。そのなかの指標のひとつに「従業員エンゲージメント（社員のやる気度）」がある。働きがいを構成する主要な指標で、数字が高いと社員がより主体的に仕事に打ち込んでいることを示す。

２０２２年の調査結果によれば、仕事への熱意や職場への愛着を示す社員の割合で日本はわずか５パーセント。調査した１４５か国のなかでイタリアと並んでもっとも低い。

「従業員エンゲージメント」の世界平均は23パーセント。日本企業の社員のやる気度は相当低いのである。

だが、これは社員個人の責任だけではない。経営トップが社内のシステムを変えない限り、社員のモチベーションは上がらない。

考えてみれば日本人のやる気のなさは日本企業の4大疾病にある。それはオーバープランニング、オーバーアナリシス、オーバーコンプライアンス、オーバーアダプテーション（過剰適応）だ。社員が何か発案しても上司が細かいところまで手を入れてしまう。企画書は分厚くなる。そして、できあがった企画を些細なことまで分析する。しかも、コンプライアンスの観点からもう一度、見直す。そうしているうちに斬新な企画は従来型の企画になってしまい、結局、新しいプランではなくなる。

岡と中田は海外支店に国内営業のトップたちを配属し、自由にやらせた。それが成功の要因だ。

WCSの営業員たちの理念はお客さま本位だ。口座を開設してもらう前からサービスを始めた。

それまでは投資してもらってからサービスを始めるのが常識だったが、それを覆したのである。下見の段階からおもてなしを始めた。さらに、おもてなしはチームで行うことにした。専門家集団と家族だ。専門家集団は営業員と一緒になって顧客に尽くす。家族は内側から営業員を支えた。

こうして勝てる組織ができた。

真似ができない

ＷＣＳがやっているおもてなしスピリットは簡単には真似ができない。

おもてなしは心の問題だ。どこからどこまでが、おもてなしに入るかは個人が判断しなければならない。さらに、富裕層が喜ぶおもてなしとは、ただ高価なものを持っていくとか、高額な料理をごちそうすることではない。当然のことだけれど、富裕層はＷＣＳの営業員よりも金を使った経験がある。高価なものも知っているし、高額な料理を食べたこともある。富裕層は金額の多寡で商品やサービスを判断しない。商品やサービスに心がこもっているかどうかで判断する。

富裕層が欲しいと思っているのはモノではなく、心だ。ＷＣＳのみんなは心を込めたサービスを追求している。だから、真似がしづらい。夜中に顧客が飲んでいる店へ行けばいいわけではない。「話を聞きたい」「サービスしたい」という心を届けるために行く。心は目には見えない。だが、心は人の心を動かす。ＷＣＳのサービスには営業員と専門家と家族の心が宿っている。単に顧客に付き合うだけでないからこそ、価値が生まれる。

大和証券シンガポールの営業員がやったことについて、会長の中田は２０２２年の新聞のインタビューでこう語っている。

「『アジアでの富裕層向け業務の顧客対象や地域を広げる』と（中田は）述べた。現在は海外移住する日本人経営者や、事業拠点を設ける日本企業が顧客の大部分を占める。タイやフィリピンなど新興国の富裕層の開拓を強化し、預かり資産を増やす考えだ。

大和（証券）は２０１５年から、シンガポールの拠点を中心にアジアで富裕層業務を本格的に始めた。日本の大手証券の強みを生かし、資産運用や事業展開の助言のほか、移住に伴う手続きなどを支援している。人員は十数人規模と小規模ながら効率的な営業体制を持ち『預かり資産1兆円も視野に入ってきた。コンスタントに黒字を出している』（中田会長）。

大和（証券）は海外事業を安定した収益源と位置づけ、各国の大手証券と提携して事業を強化してきた。アジアを含む海外部門は22年3月期まで6期連続で経常黒字を計上した。

東南アジアでは現地の証券会社と組み、ネットワークを拡充している。

シンガポールの富裕層ビジネスは地場大手や米欧銀との競争も激しい。富裕層業務では今後、対象地域も広げる。22年6月には香港にも専門部署を設けた。紹介案件が増え、タイなど周辺国での顧客も獲得しているという。中田会長は『日本のパイプライン（潜在顧客）を現地とどうつないでいくかが重要だ。それに応じて人員や拠点を拡大していく』と述べた。

ただ海外への違法な資金流出やマネーロンダリング（資金洗浄）対策など規制対応コストも増している。中田会長は『（日本人・日系企業向けで）培った膨大なデータベースがある。コンプライアンス（法令順守）を緩めずに展開できる』と強調した。」（「日本経済新聞」2022年9月7日付）

Chapter

6

第6章

移住者のメリットとは何か

それでも増える移住者たち

大和証券シンガポールのWCSが勝てる営業組織に変わったのには外部要因もある。それは日本人移住者が増えていること。さらに、移住者の動機が変わってきたこと。かつては節税が多かったが、今は事業を行う場としてシンガポールに来る人間が多いという。

2023年、シンガポールには約3・7万人の日本人が在留していた。ここ数年、人数は横ばいで、コロナ禍では減っている。だが、コロナ禍が一服して、ふたたび増加に転じようとしている。

そして、移住者の変化については平崎がこう語った。

「僕が来た2014年頃から変わりました。今はビジネスと子どもの教育のために在留する人が増えています。節税目的の人は減りました」

以前は相続税を払わないために一家そろって出てくる人たちがかなりの部分を占めていた。それが変わってきた。

そして、移住者をめぐる情報については、WCSのなかでも大出真之が詳しい。大出は森本の同期だ。税制などについては彼がレクチャーしてくれた。

国外転出時課税制度

２０１５年、出国税と呼ばれる「国外転出時課税制度」が施行された。

時価1億円以上の金融資産を保有している富裕層が国外転出する場合、その含み益に所得税が課税されるようになったのである。そうなると海外移住しても節税の効果は薄まる。そのため相続税の節税目的だけで移住する人は減った。国外転出時課税制度はキャピタルゲインに対して非課税の国（シンガポール、香港など）に移住する人を対象にしたものだ。日本から国外へ移住する場合、保有している有価証券等の金額が1億円以上の居住者が対象になる。有価証券等とは株式、国債、地方債、社債、投資信託などをいう。なお、株式は上場・非上場を問わずに対象となる。そして、現金や暗号資産は含まれない。

大出はわかりやすく、詳しく教えてくれた。

「要するに有価証券で時価総額1億円以上お持ちの方は含み益に課税された部分を納税しないと日本から出られません。含み益の15・３１５パーセントです。含み益が1億円であれば、１５００万円強ですね。あくまで有価証券です。不動産、現金、生命保険は関係ありません。会社オーナーの場合、自社株を保有したまま海外に移住しようとすると、大きな金額になると思われます。

そういった時、たとえば株式自体を担保に置いていくことができます。納税猶予です。株式を担保にして置いておき、10年以内に日本に戻ってくればいいのです。

ただし、ここで相続税という問題が出てきます。たとえばシンガポールに来る方で、日本の相続税から解放されたい方は家族そろってやってこなくてはいけません。そして、10年以上、暮らすことが必要になります。10年以内だとシンガポールにいても相続税が課されます。

2017年までは家族がそろって移住してきて、5年間が経過すれば相続税を払わなくともよかったのですが、税制改正により居住期間が10年に変更されたのです。

10年以上、シンガポールにいらっしゃれば相続税は非課税です。一方で、国外転出時課税の納税猶予に関しては10年以内に日本に戻らなくてはいけない。

つまり、相続税をゼロにしたい方は移住前に税金(国外転出時課税)を支払う。もしくは株式を売り払って現金、不動産にして日本に置いておく。ただ、日本に置いた財産には相続税がかかります。結局、移住する場合でも国外転出時課税、相続税のどちらかを払わなくてはならないのです」

相続税の税率については国税庁のホームページから税額速算表を写しておく。

課税価格	税率	控除額
1000万円以下	10%	—
3000万円以下	15%	50万円
5000万円以下	20%	200万円
1億円以下	30%	700万円
2億円以下	40%	1700万円
3億円以下	45%	2700万円
6億円以下	50%	4200万円
6億円超	55%	7200万円

税率は右記の通り。個人で10億円を持っていたら相続税は55パーセント取られる。しかし、多額の財産を持っている人はおそらく資産管理会社を作って税対策をしているのではないか。ただし、会社を作っても株を所有しているオーナーだとすると、オーナーが亡くなった場合、その株の価値に対して相続税はかかる。

法人税と投資について

シンガポールに移住した場合、日本よりも法人税は安い。事業を行った法人税は17％。日本のそれは最大23・4パーセント。また、金融商品に投資した場合、その利益に対して税金はかからない。移住する人はこのふたつのメリットを追求している。

法人税と投資利益に関してまとめると次のようになる。

日本に居住する個人

株で儲けた分（キャピタルゲイン）の税率：20・315％

日本の上場株式の配当（インカムゲイン）の税率：20・315％（持ち分割合3％以上の大株主は累進税率で総合課税。最高55％・配当控除前）

債券の利率で儲けた分（インカムゲイン）の税率：20・315％

シンガポールに居住する個人

株で儲けた分（キャピタルゲイン）に対する税率：0％

日本株の配当（インカムゲイン）の税率：15・0％（未上場株含め、持ち分割合にかかわらず15％）
シンガポール株、マレーシア株の配当（インカムゲイン）の税率：0％
債券の利率で儲けた分（インカムゲイン）：0％

利益に対して税金がゼロだから、個人投資家はシンガポールで金融商品の売買を行う。金融商品の種類も豊富だ。シンガポールでなければ買えない商品もある。

ただ、人にもよるけれど、富裕層は日本にいてもシンガポールにいても、一攫千金の投資を狙うことはないようだ。富裕層はお金の稼ぎ方を知っている。物品販売であれ、不動産などの取引であれ、船舶の運航委託であれ、自分が金を稼いだ仕事が投資よりも確実に儲かるとわかっている。

そういう人たちは投資、運用に関しては自分なりの価値観と選択眼を持っている。「ものすごく儲かります」と言われたからといって簡単に乗ることはない。儲けたいと思ったら、自分自身が利益を上げた本業を拡張すればそれでいいからだ。

そして、富裕層のところへはさまざまな投資情報が舞い込んでくる。金融商品を売る側よりも多くの情報を知っている。富裕層は数多く入手した情報のなかから、もっとも自分の価値観に合うものを選ぶだけだ。

富裕層ビジネスに従事している優秀な人たちは顧客の方が利口だとわきまえている。顧客は経済知識もあり、投資にも詳しいとわかったうえで、その人にフィットするような金融商品を紹介する。

2015年以降、節税目的で移住しようとする人たちが減ったのは税制が改正されたからだ。相続税を節税するために日本の財産を整理し、一家そろって10年間、海外に住むのは容易な決断ではない。

そこで、節税目的よりも、法人税、投資に対する課税のゆるやかな点に着目した事業目的の人が移住するようになったのである。

そして、シンガポールで投資、運用する際、有利なのがマージン取引だ。これについても大出が教えてくれた。

「大和証券シンガポールのライセンスはマーチャントバンクです。銀行機能があります。金融資産を入れていただいたら、それを担保にお金を貸すことができます。借りたお金でまた金融商品に投資することもできます。これは日本ではできません。金融商品を担保にして銀行からお金を借りることはできますが、そのお金で金融商品を買ってはいけないのです。証券会社も証券担保ローンをやっていますが、金融商品を買う前提では貸せません。

しかし、シンガポールではできます。レバレッジをかけることができるのです」

マージン取引はいい面ばかりではない。投資した金融商品の価値が下がると、レバレッジがあるから損は膨らむ。

このように、シンガポールに移住する富裕層にとって経済的メリットは相続税の非課税、法人税率の安さ、金融取引の利益に対する非課税、さまざまな金融商品があること、そして、マージン取引ができることだ。

ただし、相続税の非課税を成就するにはあげる方（親）ともらう方（子）がどちらも10年以上、シンガポールに在住しなければならない。しかも、頻繁に日本に帰ってくることはできない。しょっちゅう、日本に帰っていたら「居住実体がない」とみなされるからだ。

わたしは相続税の非課税のために海外に親子で10年以上、暮らしていた家族を知っている。親が70歳を超えた時に40代後半の息子夫婦、10代の孫と一緒に移住した。無事、非課税になったのはいいけれど、日本に帰ってきた時、親は海外暮らしで疲れていたのだろう。帰国後、1年もしないうちに亡くなった。相続税は非課税になったが、自分の命と引き換えのようなものだ。ただ、本人は満足していたから、それはよかったと思われる。

移住先がどこであれ、高齢になってからの海外移住にはストレスがかかる。

大出の昭和的営業

大出は大和証券YouTubeでシンガポールの紹介動画に登場している。動画には緊張しながら話す大出が映っている。声もやや上ずっている。だが、実際の彼は動画の彼とは違う。笑顔を絶やさず、ジェントルマンそのものだ。

大出自身は言った。

「自分では営業には向いていないと思うのですけれど。でも向き不向きより前向きに取り組むしかないかな、と。むしろ不向きだから頑張っているところもあります」

大出は新卒で大和証券入社後、6年間、神奈川の厚木支店勤務だった。

「結果の差は行動量の差」と、多い日は1日20キロメートルを自転車で走って飛び込み営業した。

支店勤務の後、2012年、東京のプライベートバンキング部(PB)に異動した。PBは、上場企業経営者といったVIPを主な顧客とする部署である。ここでは顧客に鍛えられた。そして、営業スタイルが変わっていった。

単なる販売からコンサルティングに、コンサルティングからウェルスマネジメントに。

決められて指示された商品の販売ではなく、ひとりひとりのニーズに合わせた提案ができるようになった。そして、関心を持ったのが海外でのPB業務である。シンガポールのWCSに異動したのは2019年。

WCSの顧客は前述のように日本非居住者で、シンガポール始めマレーシアなど、主に東南アジア在住の日本人富裕層だ。

比較的若くてバイタリティがあり、株式や不動産よりもキャッシュの資金力が豊富な人たちが多い。アジア展開や世界展開を視野に入れた現役経営者、M&Aで自社をバイアウトした元経営者も少なくない。

そして、大出もまた昭和的な営業スタイルである。

「運用のサポートは当然で、移住のためのサポート、法人設立、住居探し、お子さまの学校探し、旅情報、グルメ情報、手土産情報、各種リサーチ、ドライブのお付き合いからゴルフのお付き合いまで、とにかくお客さまに尽くします。尽くして尽くして尽くします」

彼は「シンガポールに移住される理由は主に6つあります」と言った。

「ビジネスの海外展開、お子さまのグローバル教育、税制のメリット、災害や地政学リスク等の回避、ゴルフ環境、そして投資環境です。

投資の環境は、税制と絡んで富裕層にとって妙味があります。特に投資商品の幅と、投資手法の点で、日本とは異なります。

シンガポールの地理的要因も大きいでしょう。日本から7時間ほどで到着し、成長するアセアンの玄関口にある。時差1時間ですから日本とのビジネスもリモートで成り立ちます。日本食の調達や日系医療機関も充実しています。英語で普通にビジネスができます。

さらに、シンガポールの魅力のひとつがゴルフです。ゴルフをされる方はとても多いです。ゴルフは私の営業においては必修科目と言えます。一年中ゴルフができ、マレーシアやタイにも足を運んでゴルフを楽しめる環境に惹かれて移住される方、移住されてからゴルフを始められる方などさまざまですが、生涯スポーツですし、健康になります。なにより大人のコミュニケーションツールとして大変有用かと思われます。

教育移住も想像以上に多いです。シンガポール現地の公立校、日本人学校、インターナショナル校の選択肢がありますが、選ばれるのは主にインターナショナル校です。シンガポールには60校以上のインターナショナル校の選択肢があります。

インターナショナル校で学ぶメリットは、英語に加え中国語を学べる語学環境、ICT教育の先進性、そして富裕層ネットワークを構築できる環境でしょうか」

WCSが手掛けるサービスは投資や運用といった金融面に限らず、日常のお手伝いまでが守備範囲になる。彼らがやっていることはプライベートバンキングという言葉のチャーミングな響きからは想像できない人間臭さと泥臭さに満ちている。

今どき、ここまでのサービスは欧米系プライベートバンクはやっていないだろう。日系の金融機関でもまずやらない。そして、欧米系プライベートバンクと比較すると彼らのやっているサービスは生活感にあふれている。そして、小さなサービスだ。

結局のところ人間は誰であっても、心のこもった細やかなおもてなしに感心するし、それを喜ぶ。

心のこもったおもてなしの例をシンガポール滞在中にわたしは聞いた。教えてくれたのは日本航空シンガポール支店の支店長、土橋健太郎である。

「野地さん、JALの機内サービスでいちばん褒められることって、何かご存じですか？日本人でも外国人でも、ご飯を食べた後に薬を飲む方がいらっしゃいます。当社のキャビンアテンダント（CA）はお客さまがポケットから薬を出したとたんにコップに水を入れて持っていきます。最初は日本人CAだけでしたが、今ではどこの国出身のCAもやるようになりました。しかも、中身は水ではありません。白湯です。冷え過ぎた水ではなく、薬を飲みやすい温度にしたものをお客さまへ持っていきます。

ファーストクラスやビジネスクラスだけのサービスではありません。エコノミークラスでもやっています。何よりも嬉しいのは上司が『やれ』と言って始めたことではないんです。CAが自然に始めたのです」

WCSがやっているサービスはこれに類したところがある。「日本語ができて腕のいい歯医者さん」の情報は営業員が自分たちに必要だから集めたものだ。おいしいうどんを出す店の情報も自分たちが利用するから持っていた情報だ。彼らはそうした実用的な情報を顧客に提供する。

富裕層の顧客にとってゴージャスなパーティも魅力的だが、一方で日々の細かい情報も必要なのである。営業員は自分たちの生活のなかから出てきた有用な情報を顧客に持っていく。それをWCSのおもてなしの特徴にした。

以下は、移住したい読者のための補足（ブルームバーグのニュースより）。

シンガポール政府は2023年から永住権の取得要件を厳しくした。永住権を申請する外国人はシンガポールの企業に1000万シンガポールドル（約10億1500万円）以上または政府指定ファンドに2500万シンガポールドル以上を投資する必要がある。

またファミリーオフィスを設立するには5000万シンガポールドル以上の資金を稼働させることが条件となり、政府が指定する4つの投資カテゴリーのなかで運用する必要がある。

従来は２５０万シンガポールドル以上を事業かファンド、シンガポールを本拠とするファミリーオフィスに投資していることが条件だった。

Chapter

7

第7章

3人の営業員

自薦してシンガポールに来た

コロナ禍前の2019年にシンガポールのWCSにやってきたのが酒井祐輝だ。彼のキャリアは他のメンバーとは違っている。彼だけは国内支店の営業を経験していない。入社以来、上場法人を相手に金融ビジネスをやってきた。それは彼が入社したのは大和証券SMBC、法人ビジネスの担当として職業人生を始めたからだ。

だが、彼は自薦してシンガポールに来た。「個人客を相手にした仕事をやりたかった」からだった。

彼は自らのキャリアについてこう言っている。

「証券会社ではホールセールとリテールが2大分野です。ホールセールは法人業務で、リテールとは個人営業。私がやってきたホールセールは、お客さまが上場会社でM&Aをしたり、IPO（Initial Public Offering の略。最初の株式公開）をしたりするのをサポートする業務です。ホールセールにはグローバルマーケット部門といって債券、株のスペシャリストになる道もあります。どちらも支店での個人営業で実績を上げた社員がホールセールに異動することが多いです。私は大和証券SMBCという会社に入社したため、最初からホールセールでした。ただ、実際の現場はリテールと一緒で泥臭いです」

神戸生まれの酒井は地元で育ち、大学は東京へ。大和証券SMBCへ入ったのは「金融の知識とキャリアが自分の職業人生には必要だ」と自己分析したからだ。

誰もが成功して豊かな人生を送りたいとは思っている。ただしそのために突き詰めて計画を立てる人間は決して多くはない。酒井は分析して計画を立てることを得意としている。自分に足りないものを少しずつ増やしていくことがキャリアアップだと信じている。

入社から7年半、大阪の事業法人部に所属した。やったことは「上場会社に対して資金調達やM&Aの提案を行うオリジネーション（案件組成）業務に加え、エグゼキューション（契約締結までの事務手続き）部隊を指揮、統括すること。顧客とのリレーションシップ」である。

本人からわかりやすく説明してもらうと次のようになる。

「上場会社はコーポレート・アクションを起こします。それはエクイティファイナンス、いわゆる資金調達です。資金調達は、デット、エクイティの両方ともやります。デットとは他人から借りてくること。借り入れ、社債、コマーシャルペーパーなどです。エクイティは増資など新株発行を伴う資金調達を言います。

増資の話をしますと、上場した会社が調達する場合、発表から条件決定日まで、時間が空きます。その間に株価は下がる。当たり前です。なぜなら新しく株を出すので希薄化する。その分くらいのパーセンテージが下がるわけです。

ただし、想定以上に株価が下がる場合と、希薄化するはずなのに下がらない場合があります。それはエクイティファイナンスに対する市場の評価です。投資家が前向きな資金調達だと思えば、割安だからと買う人がいる。逆に、これはただ単に資金繰りが苦しくて調達しているだけだと見られたら、下がるだけ。

エクイティにしろ、デットにしろ、いいか悪いかは市場が判断します。そして、年末になるとワースト・ディール・オブ・ザ・イヤー、ベスト・ディール・オブ・ザ・イヤーなどと発表される。私はつねに市場から評価を受ける世界にいました」

証券会社の個人営業は数字に縛られていつも追いかけられている仕事で、法人業務は執務室でパソコンに向かって起案したり、法人の担当と優雅に打ち合わせする仕事だと思われがちだ。しかし、酒井に聞いてみると、法人業務もまた数字と市場評価のふたつにチェックされる厳しい仕事だ。どちらも厳しさでは変わらない。

大阪の事業法人部で一人前となった彼は同業務のプロフェッショナルだけを集めたフィナンシャル・スポンサー部に移る。ここでもまたプライベートエクイティファンドのカバレッジバンカーとしてM&AやIPOの仕事を担当した。

WCSへ行こう

そんな彼が「WCSに行きたい」と思うようになったのは取引先のある社長に同行してシンガポールに出張したことがあったからだ。

シンガポールWCSに在籍していた営業員の実際を見て、「自分のキャリアにはない」と痛感したのだった。

「ホールセールの仕事で重要なところは先方の決定権者、つまり会長や社長と人間関係を築くことができるかどうかにあります。財務担当役員を飛び越して何でもかんでも決裁してもらうのではなく、時間との勝負みたいなことがあるので、いざという時は決定権を持つ人と直接、話ができる関係にあることが重要なんです。それはうちの会社だけでなく他の証券会社でも同じ。担当のコミュニケーション能力次第なんです。

海外IRは取引先の役員とコミュニケーションするよい機会で、ある会社のトップから誘われてIRのためにシンガポールにやってきました。

それはまだ大阪の事業法人部にいた頃で、入社3年目のことでした。それまで海外旅行をしたことはあったけれど、仕事では初めて。ドメスティックな人間でした。

シンガポールに来たとたん、体が震えました。『ここは金融の中心だ。アジアの金融の中心地だ』と肌で感じたんです。当時、まだWCSという名前ではないものの、富裕層向けビジネスはやっていました。大和証券シンガポールに寄ったら欧米系のプライベートバンクから転職してきていたヘッドがいて、私が同行していた社長に事業資金の調達、アジアに拠点を作ってシンガポールで会社を上場させる話、相続、節税についてなどをさらっと話すわけです。

横にいる僕は反応することもできなかった。何ひとつ話すこともできず、ただ黙って聞いているしかなかった。バカみたいなもんです。国際税務の話が出ても、何を言っているのかわからない。これじゃダメだ。こんな自分じゃいけない。自分のキャリアのなかではこの部分が決定的に足りない。

僕自身は企業トップに直接資金調達やM＆Aなどを提案できる機会に恵まれた結果、リレーションを築く能力はあった。しかし、国際的なウェルスマネジメントの金融知識がゼロだった。

『自分には付加価値がない』

この部分をキャリアにするには世界で働くしかない。シンガポールへ行ってキャリアを積むしかない。ずっとそう思っていたのです」

だが、問題があった。ＷＣＳは国内のナンバーワン営業員を求めていたけれど、ホールセールからの人材は受け入れていなかった。また、ホールセールの側にしても、伸び盛りだった酒井を手放したくはなかった。会社は選抜してフィナンシャル・スポンサー部に酒井を呼んだばかりだったからだ。

「フィナンシャル・スポンサー部でやっていたことはプライベートエクイティ（ＰＥ）ファンドとの取引です。たとえば未上場のオーナー会社の代表が会社を売りたいと言ってきます。私たちがその情報をつかんだら会社をまずはＰＥファンドに売却してもらうように提案する。ＰＥファンドは買収し、会社をバリューアップさせた後、ＩＰＯかトレードセール（会社または事業を第三者に売却すること）でエグジットする。証券会社にとってＰＥファンドとのビジネスでありがたいのは、最初の会社の売却、出口のＩＰＯ、トレードセールどちらもビジネスになることです。

ただ、僕らフィナンシャル・スポンサー部は企業のフィナンシャル・アドバイザー指名を取ることと、それによって収益を得ることが目的で、それ以上のことはしない。しかし、オール大和（証券）で考えたら、それではまだ足りない。法人だけでなく、個人のことも考えなくてはならない。

なんといっても会社を売却したり、上場したりしたオーナーはお金を持ちます。時には何十億、何百億にもなる。それを外資系プライベートバンクに持っていかれて運用されたら、ホールセール部門が努力して案件を獲得してもその成果が半減してしまう。大和証券グループはホールセールとリテールが分社化していた過去もあり、ホールセールで獲得した案件をリテールのプライベートバンク部門につないでビジネスを拡大する意識が希薄だった。もちろん、国内の資金は大和証券の国内富裕層担当が紹介・対応しますが、国外での運用については、これまでお客さまにまかせていました。しかし、シンガポールのＷＣＳがあるんです。今後は海外での資産運用はＷＣＳがやればいい。それならシンガポールで僕がやろうと思ったのです」

酒井の考えは証券会社の社員として正しい。ホールセール担当が頑張った成果なのだから、オーナーの個人資産が他社に流れていくのを黙って見ている手はない。ただし、シンガポールから営業員がやってきて国内の資産家を勧誘することはできない。また、シンガポールから電話やメールで勧誘することもできない。

前述したが金商法（金融商品取引法）第58条の2というルールがあり、海外の金融機関の人間が日本に来て提案行為をしてはいけないのである。

「金融商品取引法　第58条の2

外国証券業者は、国内にある者を相手方として第28条第8項各号に掲げる行為を行ってはならない。ただし、金融商品取引業者のうち、有価証券関連業を行う者を相手方とする場合（当該外国証券業者がその店頭デリバティブ取引等の業務の用に供する電子情報処理組織を使用して特定店頭デリバティブ取引又はその媒介、取次ぎ（有価証券等清算取次ぎを除く。）若しくは代理を行う場合を除く。）その他政令で定める場合は、この限りでない」

難しく書いてあるけれど、もし、海外からの勧誘行為を許してしまうと、世界中の富裕層ビジネス企業が電話やメールで日本人顧客にコンタクトしてくる。そうなると必ず顧客保護に反する事故が起こる。ＷＣＳは法律を守っているから、シンガポールから接触することはない。ホールセール部門もまたＷＣＳのことを積極的にアピールしてこなかった。

ただ、金融商品の勧誘をすることはできないが、「移住したい」という資産家が出てきたら、ＷＣＳがシンガポールにやってきた人について相談に乗ることはできる。

酒井は直感した。

「自分がシンガポールに赴任したら、ホールセールの仲間は指名してくれるだろう」

国内支店の人間は国内営業出身の森本、大出、箕田たちを指名する。一方でホールセール部門は誰に顧客を託していいかわからなかった。だが、酒井がＷＣＳへ行けば酒井の名前を挙げればいい。

酒井は上場したオーナーの立場にも立ってみた。大きな額を得たら、資産運用の選択肢として海外も視野に入れなくてはならない。移住もあるかもしれない。酒井は「自分ならお客さまのためにやれることは何でもやる」。

そして、かねがね体験したいと思っていた国際金融、資産家相手のリテールビジネスに入っていくことができる。

酒井は上司を説得した。そうして、彼はシンガポールにやってきた。

シンガポールにやってきて

シンガポールに赴任したのは2019年。酒井もまた営業の出発はゼロからだった。日本人移住者へテレコールをしたり、日本人の集まりに顔を出したりした。すると、すでにシンガポールに来ている法人が酒井のキャリアに興味を持ち、接触してきたのである。

酒井は言う。

「こちらの県人会に顔を出して挨拶することはやりました。それでお客さまになってくれた方もいます。ただ、僕の場合はこちらに進出している法人客から相談がありました。元々ホールセールをやっていましたから、どうしてもそうなってしまうのでしょう。また、こういうお客さまもいます。個人で一度、日本で成功して会社を売却し、もう一度、シンガポールで起業した方です。僕はそういう方には重宝されたかもしれません。

たとえば、『酒井さん、資金調達したいのだけれど』と頼まれたら、『わかりました。シンガポールにあるベンチャーキャピタルの知人に話をつなげます』と言える。また、『シンガポールで上場したいんだ』と言われたら、わかりましたと専門家を呼ぶ。僕自身はWCSですから、その会社の上場を直接担当することはできません。他にもM&Aで手に入れた会社を売りたくなったら、『こういうPEファンドがあります。知り合いなので連れてきますよ』とも言える。

そして、お客さまのアドバイザーになった場合、金融会社が行うプレゼンの席に出て判断できるわけです。

『いや、あの提案はちょっと難しいです』とアドバイスができる。運用の方法もわかりますし。ホールセールをやってきたからこその体験と知識で仕事しています」

そして酒井には日本のホールセールの仲間からの紹介がある。

「酒井、こんな人がいる。僕らが仲介して会社を売却した人だけどシンガポールかマレーシアに住むらしい。そっちへ行ったら訪ねてみてくれと言ってある」

そうやって、紹介された人がシンガポールに下見にやってきた時に一緒に不動産を見に行ったり、子どもの学校へ同行する。

酒井はかみしめるように言う。

「結局、紹介が紹介を生むわけです。お客さまは僕らの実力をちゃんと見ています。そして、信頼されたら富裕層コミュニティのなかへ入っていける。考えてみれば人間関係を作ることはホールセールでやっていたことと同じでした。ＰＥファンド、上場会社のコミュニティへ入るのも同じ。相手の懐に入れるか入れないかだけだと思います。

今はシンガポール以外のアジアの国に住むお客さまが増えています。他の国に暮らしていて、口座をシンガポールのＷＣＳに開いて運用する方がいるんです。シンガポールは住居費や物価が高いですし、移住するためのビザ取得が難しくなっています。以前よりも大きな額のお金を持ってこないといけない。また、資産管理会社を作ったとしても、そこが何も事業をしていなかったら、ビザが下りなくなります。

そこで、タイへ移住する方が増えています。タイの移住ビザはシンガポールに比べると安い。マレーシア、オーストラリア、ニュージーランドも同じようなビザの制度を作っています」

酒井が言うように、シンガポールに限らず、東南アジア、オーストラリア、ニュージーランドは富裕層を自国に移住させるための施策を始めている。所得税率を下げたとしても富裕層を集めればその国で消費活動が起こる。現役世代であれば子息が長く暮らすかもしれない。そうやってお金を持つ人間を囲い込もうとしている。

シンガポールのWCSに口座を持つ人たちの経済活動の結果はシンガポールを豊かにしているだけではない。一見、日本の富がシンガポールへ流出しているようだが、ちゃんと還流している。大和証券シンガポールが利益を上げればそれは日本の親会社に移る。日本の大和証券グループは利益から法人税を支払う。

もし、移住した日本人が欧米系のプライベートバンクだけを使っていたら、富は日本からの流出で終わってしまう。大和証券シンガポールのWCSがせっせとやっていることは日本から出ていった富の一部をもう一度、日本へ戻していることになる。

戻ってきた男――遠藤亮

遠藤亮がWCSに来たのは2021年。コロナ禍の最中だった。遠藤は酒井と同じで国内営業からの異動ではない。国内営業の経験はあるが、3年間だけだ。入社した後、遠藤は「ふるさと配属」で新潟支店にいたのだが、その後はホールセール部門に移り、法人相手の債券営業ひと筋だった。2007年から2012年までは債券の営業員としてシンガポールに駐在している。

個人富裕層向けセクションは、まだWCS（2014年から）と呼ばれていなかった。前身のGFS時代であり、当時の業績は振るわず、閉鎖も話題に上がっていたくらいだ。遠藤はそういった様子を横で見ていた男である。振るわなかった頃のGFS、見違えるようになったWCSの両方を知っているのが彼だ。

遠藤は債券のプロフェッショナルだ。

「2001年の4月入社です。故郷の新潟支店で営業したのですが、半年経った9月11日にアメリカで同時多発テロがあって、直後に日経平均が1万円を割りました。株価が下がって営業は大変でしたね。新潟支店で個人営業をやっていた時は、1日に100軒の飛び込みセールスをしたり、新規のテレコールを100件したりとか。雪の日も長靴は履かなかったけれど、飛び込みはやっていました。

3年した時、機関投資家向けに債券をセールスする部署が社内公募したので、応募したら入ることができたのです。

証券マンは何かスキルを身につけなければいけないなと思い、債券のプロを目指したわけです。ただ、個人的には株の方が好きなんですが。

債券というと、個人の方はよくわからないとおっしゃる。簡単に言えば、国や企業が資金調達のために発行するもの。投資家は債券を購入し、国や企業から利子を受け取る。日本の債券の利子は国債の金利が一応基準になります。

社債などは国債よりももう少し利率がよかったりしますよ。現在、シンガポールで主に取り扱っているのは劣後債のような利回りがいいとされる商品です。ですが、円建てはほとんど販売してなくて、米ドルとユーロが多い。

シンガポールで当社が扱っている商品の7割は債券です。うちだけでなく他社も含めてシンガポールの富裕層が投資するのは債券が多いようです」

富裕層はどうして債券投資が多いのかと遠藤に訊ねたら、「値動きがマイルドだから」と答えた。

確かに、債券は株のように2倍、3倍になることはない。だが、利回りは決まっている。買った後も毎日、値動きを注視しなくてもいい。10億円、20億円といった規模で資金を運用するとしたら、利子がある程度、計算できる債券も入れておこうと思うのだろう。

債券についての基本

基本的なことだけれど、債券とは何か。株との違いについて書いておく。

富裕層が投資する対象としては株よりもむしろ債券の割合の方が大きいという状況がある。日本の投資家は保守的だ。ある調査によると富裕層は資産の50パーセント以上を銀行口座、現金で持っている。残りの部分を株、投資信託、国債などに振り向けていて、外国債券などに投資している人はごく少数だと考えられる。

債券の前に、まず株とは何か。ここでいう株とは株式のこと。株は投資家が企業に対して資金を出資するために発行される。そして企業は出資してもらった資金を株主に対して返済する義務を負わない。つまり、元本は保証されない。公開企業の株であればマーケットで売買される。企業の業績などによって株価は変動する。

さて、債券である。債券は国や企業が投資家からお金を借りるために発行されるものだ。債券を買った人は国や企業に金を貸したことになる。借りているわけだから国や企業は投資家に対して金を返済しなければならない。つまり、元本は保証される。一定の期間が過ぎると利息が発生する。債券を買った投資家は元本と利息を受け取る。

一方、株は値上がりした分が利益になる。値上がりの幅が大きければ債券よりも大きく儲かる。

「株か債券、どちらにしますか」と投資する商品の種類を問われたとする。

投資家は株の値上がりを選ぶか、それとも元本保証の債券にするかを考えることになる。もっとも、債券でも国や会社が倒産すれば戻ってこない。戻ってきたとしても元本が割れることがある。

遠藤はプロだ。さらにわかりやすく説明する。彼の話を聞くと、頭のなかがきちんと整理される。

遠藤は株と債券という商品の性質を教えてくれた。

「株と債券で言えば、世の中に流通している量が違うのです。債券の方が圧倒的に多い。どの銀行でも余裕資金、つまり預金や貸し出しに回っていない部分は株や債券で運用するのですが、ほとんどは債券で運用します。

銀行が債券で運用するのは株と違って償還の日に100パーセント戻ってくるからです。銀行の余裕資金は銀行のものではなく預金者のもの。リスクの高い金融商品に100パーセント突っ込むなんてことはできないのです。債券は元本が償還の日に戻ってくる。そして、利率というものがあって、利率分が投資家にとって儲けになります。たとえば、10年物国債の利回りは0・5パーセントを上限にすると決まっているとしましょう。利率とは年率ですから100万円分の国債を買ったら、1年に5000円の利率分が付いてくる。10年だったら5万円。

海外の国債、社債などではもっと利率が高いものがいくつもあります。ただ、円安だと日本人は買いにくいと思います。円高基調になっていけば買ってても意味がありますけど。シンガポールに在住する日本人の富裕層も債券投資が多いです。米ドル建ての社債で利率が6パーセントとします。1億円を預けた人でしたら、年間600万円もらえます。生活費になるんです。

日本でも米ドル建てで利率6パーセントという社債は販売されていますよ。ただし、日本だと利益に対して課税されます。シンガポールはキャピタルゲイン課税もインカムゲイン課税も基本的にはゼロです。一方、日本に住んでいる人には利益に対して所得税と住民税と復興税合わせて20・315パーセントが課税されます。

株の利益に対してもシンガポール株、マレーシア株の場合、値上がり益も配当金も免税です。また、シンガポールに住んでいても日本株を持っている場合、配当金は15・0パーセントの税金を支払う必要がありますが、値上がり益は免税です」

遠藤がシンガポールで債券のセールスをやっていた時代、富裕層ビジネスのチーム（G

ＦＳ）に法人顧客を紹介したことがあった。ある日本企業の現地法人をチームに伝えたところ口座を開いた。そして、10年後にふたたび戻ってきた時、その顧客がまだ大和証券と付き合っているのを知って感激したという。

債券の魅力

遠藤は「債券は面白いです」と言った。

「生活費として計算できるのはやっぱり債券でしょう。また、ポートフォリオを分散して８割が債券、２割が株という人もいます。

ただし、債券すべてが安全とは言いきれないのです。リーマン・ショック前の話になりますが、大和証券で債券セールスをしていた時、アイスランドのカウプシング銀行のサムライ債を販売していました。しかし、リーマン・ショックでデフォルトをしました。その銀行の格付けはシングルＡ格ですから、投資に問題はなかった。カウプシング銀行がデフォルトしたのは預金が１００あるとしたら、貸し出しに１７０くらいを回しているような状態だったからです。ただ、そういう銀行は欧米にはよくあります。日本の銀行はそんなことはしません。預金が100あったら50くらいしか貸し出しに回さない。アイスランドの銀行は貸し出しに回す分を債券などを発行して調達していたのですが、リーマン・ショックが起こり、資金調達ができなくなったのです。

ただ、リーマン・ショックのようなことはなかなか予期できません。僕はあの時のことがあるから慎重の上にも慎重を期して債券を見つけています」

債券営業

遠藤がシンガポールに来たのは営業力があるからではなく、債券についての知識があるからだ。

本人はこう言っている。

「大和証券全体の債券担当は300人くらいいて、僕がやっていた法人相手のセールスには70人くらいがいました。取引先には信用されていました。債券に強い会社、ボンドハウスだと思われていました。

僕が個人富裕層のお客さまを相手にしたいと思ったのは法人だとある程度、運用に制限があるからです。法人がたとえば国内銀行だとしましょう。銀行は預金が円だから基本的に円で運用します。しかも格付けがシングルA以上と決まっている。銀行にもよりますが、格付けがダブルBに落ちたら、例外なくロスカットしなくてはいけない……。債券の年限も10年までにしてくださいとか。そういう規則があるから、その範囲内でしか運用できません。僕はそういった制約から離れた取引を体験してみたかった。

法人だと自分が担当の間に結果が出ないから困る、短い年限の債券にしてくれと言われることがあります。個人であれば長期で運用ができます。また、魅力的な商品の組み合わせを考えることができます。

自分自身で気をつけているところは金融商品を説明すること。『遠藤の話はわかりにくい。難しい』と言われます。そこで、できるだけ簡単に説明するように頑張っているのですけれど、かと言ってミスリードはできません。法人相手でしたら、先方もプロだから専門用語で話せばいい。ところが個人の方を相手にするとそうはいかない。お客さまを見つけるのも難しいけれど、お客さまに対して債券の説明をすることも簡単ではないと痛感しています」

営業の武器は債券の知識とゴルフ

さて、シンガポールに来て、遠藤はどういった方法で新規顧客を開拓しているのか。

「来た時はコロナ禍の真っ最中でしたからほんとに苦労しました。今も苦労していますし、また、これからはもっともっと苦労するでしょう。僕がシンガポールに戻ってきた理由のひとつですが、前に駐在していた時、いろいろな会社に友人ができました。それがとてもよかった。

日本のビジネスパーソンって同じ会社の人としか付き合わないところがあるでしょう。僕もかつてはそうだったのですが、海外に来るといろいろな会社の人と付き合う機会が増えます。前に来た時、県人会、稲門会（早稲田大学卒業生の団体）などさまざまなコミュニティの人たち、違う会社の人、自営の方たちも含めて、多くの方たちと知り合うことができました。それが刺激になってほんとに楽しかった。

シンガポールに戻って、そういう人たちに助けていただいてます。

僕は預かっている金額で言えば、WCSのなかでいちばん多い。引き継ぎした個人のお客さまもいらっしゃいますし、法人のお客さまもいるからです。欧米系プライベートバンクは個人客だけですけれど、ＷＣＳは法人もやっています。日本の金融機関や現地企業がシンガポールで持っている株や債券を預かっているので、それが僕の担当になっているんです」

遠藤もまた昭和的営業手法で顧客開拓しているが、飲みに行くというよりもゴルフを一緒にやることが多いという。

「お客さまと飲みに行くのは多いです。事前に約束して出かけていくのがほとんど。ゴルフは月に3、4回は行きますね。ＷＣＳのひとりひとりはそれぞれ営業の武器があると思うのですが、僕の場合は債券の知識とゴルフじゃないかと自負しています。シンガポールではゴルフが盛んなんです。年中、半袖でゴルフができます。大学対抗ゴルフが盛んで、僕は稲門会、早稲田大学の代表選手。営業の役に立っています。

債券の知識の方は自分ひとりで独占しているわけではなく、社内で債券の勉強会を開いたりもしています。僕が話すのではなく大和証券の債券担当にオンラインでやってもらったり……。債券の知識を深めていくと、マーケットの動きを理解するのに役立ちます。株の動向だけでなく債券を知ることでさらに世界が広がるんです」

遠藤は個人客の営業がやりたくてやってきたわけだが、法人についてもちゃんとアプローチしている。

「他の営業と違う新規開拓の方法として、こちらに来ている日本の地銀を回ったりしています。シンガポールには地銀の駐在事務所がいくつもある。そういうところに足を運んで『御行のお客さまでシンガポールに移住した方、移住を検討している方がいたら紹介してください』と。

まあ、地銀の人にしてみればメリットはあまりないかもしれませんが、紹介してくれます。ただ、基本的にはギブ・アンド・テイクです。僕は自分が知っているシンガポール、アジアの情報を伝える。地銀の人たちは毎日のように日本の本部へアジアレポートを送らなければいけないので、重宝がられるんです。

たとえば、シンガポールテレコムという電話会社があります。日本のＫＤＤＩは契約者6000万人で時価総額10兆円。一方、シンガポールテレコムは子会社や出資先を通じてオーストラリア、インド、インドネシア、タイ、フィリピン、アフリカにも契約者がいるから契約者が7・7億人で、時価総額は4兆円。

時価総額は少ないけれど、これから確実に伸びていく。そういう会社を見つけて、話をすると喜んでもらえます。情報自体は会社のサイトを見れば載っていますし、時価総額だったらブルームバーグに出ています。ただ、探し方、分析の仕方がある。僕の探し方、分析の仕方を評価してもらっています。そこから営業です。アジアにはこういう会社があります。当社を通して投資することもできますよ。その時は私に申し付けてください、と」

日本国内へのリフレクション

ＷＣＳの営業員のなかで２０２２年にやってきたのが部長の有田謙吾だ。国内支店の営業は水戸支店で2年と6か月やっただけだ。あとはウェルスマネジメント部、営業企画部というリテール営業をサポートする部署にいた。有田はＷＣＳではひとりの営業員としてテレコールをやり、県人会、大学の同窓会に顔を出している。着任して間もない頃、古巣の水戸支店が顧客を紹介してくれた。水戸支店に勤務したのは20年以上も前だったのに、支店の後輩たちは先輩のために一肌脱いだのである。

有田は「ありがたかったです」とうなずいた。

「水戸支店にはわずかな期間しかいなかった。しかもかなり以前のことです。知っている人間はいない。それでも紹介してくれました。ほんとうにありがたい。水戸支店の後、僕は本社のウェルスマネジメント部にいました。全国にある支店のお客さま、富裕層のお客さまに対して、営業員と一緒に提案をする仕事。株とか債券の提案ではなく、相続税、事業承継のソリューションが多かった。その後、営業企画部です。これはスタッフ部門で3年間、ニューヨークにも駐在しました。

シンガポールに来てWCSの仕事をやって、勉強になりました。日本の大和証券にとっては顧客の富裕層が国外に移住してしまうのは本質的には困ります。ですが、アジアであればWCSが受け皿になります。

お客さまがある国内支店から他の支店に移ったみたいなものです。結果的にはWCSがあってよかったのです。

もうひとつ大事なのはシンガポールにいる日系の競合他社はこうした仕事をしていないこと。競合他社はローカル採用の営業員がローカルのお客さまを相手にしています。中国出身の営業員であれば中国人のお客さま、シンガポーリアンの営業員であればシンガポーリアンのお客さまを相手にする。しかも、うちはそれをやっていません。他社が気づいていこれから参入してきたとしても、マーケットが大きくないからなかなか結果を出すのは難しいでしょう。

私がシンガポールの営業現場で感じたのはマネーロンダリングの規制が厳しいことです。日本よりもはるかに厳格なルールが存在します。たとえば、野地さんが『口座を開きたい。1億円を振り込む』と言ったとします。『ありがとうございます。では、この1億円はどうやって作ったのですか』と聞いて、はっきりとした答えがあり、しかも、それが証明されないと入金をお断りしなければならない。『わかりました。野地さんは本を書いて、こつこつ30年間、印税を貯めたのですね』と私たちが把握しないといけないのです。シンガポールはキャピタルゲインに課税しなかったり、相続税がゼロだったりと自由なように見えますが、マネーロンダリングにはことさらに厳しい規制を行っています」

有田は勉強が好きだ。シンガポールでは営業をしながら勉強を欠かさない。彼が他の営業員と違う点は管理職だからかもしれないが、シンガポールで学んだことを日本の国内支店にも当てはめようとしていることだ。

社長の平松勉はシンガポールWCSの将来像を考えているが、管理職兼営業員の有田はWCSで得たことを日本の国内支店の将来の姿にしようとしている。

有田は言った。

「日本の証券会社は昔から手数料を取るブローカー業務をやってきました。しかし、それはなくなりつつある。いちばんの要因は手数料が無料のネット証券の台頭でしょう。手数料を払いたくないお客さまはネット証券を利用して自分の判断で投資をします。一方で、大和証券のような営業員がいる証券会社は手数料ではなくアセット・フィー、つまり預かり資産に対して管理手数料をいただく形に移行しつつあります。

かつて証券会社はブローカー業務に徹していました。お客さまの資産を増やすことよりも、売買を促して手数料を頂く。売買の回数が増えれば手数料が増えるからです。しかし、これは利益相反ではないかと金融庁からの指導もあり、今では売買を促すことはできなくなっています。

これはアメリカが先んじてやったことでした。『アセットに対して年間、これだけ頂きます。その代わり、年4回はお客さまに状況を伺いに、報告と方向性の確認に参ります』。『何年後にいくら必要なんですか』『それは何に使う予定ですか』とすべてプランニングして、お客さまと一緒になって運用していく。それがアセット・フィー・ビジネスです。日本の大和証券でも対面で営業しているお客さまに対しては、すでに半数以上はアセット・フィーになっていると思います。

そして、アセット・フィー・ビジネスになるにはそれだけのノウハウを営業員が持っていなくてはならない。管理、行使に相当するコンサルティング、つまりプロとしての付加価値を提供しないとお客さまは信頼してくれません。

シンガポールのWCSではまさにプロとしての付加価値を提供しています。日本の国内支店の未来の姿がここにあるんです。私たちは顧客の獲得では昭和の営業手法を取っているかもしれません。テレコールしたり、自宅訪問したり、お子さまの学校を一緒に探したり……。お子さまの教育のお手伝いをしていることもありますから、ご家族の将来についても相談に乗ることができる。投資、運用はお客さまに関するさまざまな情報を持っていなければできません。つまり、WCSでやっていることは大和証券の国内支店に移植することができるんです」

日本で投資する人は二極化している。入門者、若い世代は手数料がゼロに近いネット証券を利用する。

対して、富裕層はネット証券も使うが、対面営業の証券会社を利用する。そして、投資と運用について相談しながら資産を維持、もしくは増やそうとしている。

投資する人たちの二極化に伴い証券会社は変化している最中だ。なかでも変化の最先端に位置しているのが地方支店だ。株の取引をする人の大半はネット証券を利用している。証券会社の地方支店に通っている中心はお年寄りと富裕層だ。WCSで得た知見を生かすとすれば、それは地方支店になってくる。

有田も「ええ、そう思います」と言う。

「私はここに来てよかったと思っています。ここで学んだことを日本に持ち帰れば国内支店の営業員のひとつのソリューションになるからです。証券会社はウェルスマネジメントを目指さないと将来がなくなる。

こうしたことは国内の企画部がやるのですけれど、ＷＣＳの現場で感じたことは国内で働いている人にはわからない。

東京・大阪・名古屋に限らず地方都市にも必ず富裕層の方たちはいらっしゃいます。事業をやられていて、地域に貢献されています。そういう個人経営者の方々の中長期的な繁栄を大和証券はお手伝いすべきだと思っているんです。すみません、ちょっと答えが優等生過ぎました」

優等生過ぎる答えではある。だが、彼の分析は間違っていない。少子高齢化が進む日本では地方の人口は減る一方だ。そして、デジタル化が進み、証券会社に限らず地方支店そのものの存在意義が問われている。地方経済を維持するためには地方にある中堅企業、中小企業の経営をサポートする金融機関が必要だ……。

「地方の資産家のみなさんが豊かになり、それによって、日本の地方経済が成長すれば、我が大和証券はこれに勝る喜びはありません」

これもまた優等生過ぎる。しかし、間違っていない。有田はＷＣＳに来て、日本の地方経済をあらためて考えるようになった。ＷＣＳは大和証券にとっては人材教育の部署でもある。

Chapter

8

第8章

彼らがやること

チームワークから始まる

大和証券シンガポールの社長、平松勉が着任したのは2019年だった。コロナ禍の直前だ。同社には4つのセクションがある。株、債券、IB（インベストメント・バンキング）、WCS。このなかでシンガポール市民がコロナ禍で外出禁止になった後、もっとも影響を受けたのはIB部門だった。

IB部門はシンガポール国内だけでなく、日本や世界の企業と何度もミーティングを重ねてM&Aを仕上げていかなければならない。

また、デューデリジェンスでは、相対する企業の本社だけでなく生産現場などを見に行かなければならない。そうしたことができなくなり、オンラインミーティングだけでM&Aを仕上げるには時間がかかる。IB部門にとってはコロナ禍は大きな収穫がなかった時期だった。

株、債券の部門はどちらも法人が取引相手だ。ロックダウンの時期は大和証券も相手の企業も自宅勤務となる。こちらもまた取引は低調となった。

一方、WCSは好調だった。自宅にこもった富裕層が投資の研究に集中したこともあり、取引は増えたのである。

結果としてコロナ禍の間、WCSの業績はアップした。

平松は記憶をたどりながら、こう言った。

「コロナ禍の間、オンラインミーティングを活用するなど、WCSは工夫してお客さまに寄り添いました。ただ、直接、対面できないのはやっぱりつらかった」

コロナ禍が過ぎると誰もが忘れ去ってしまうけれど、シンガポールではコロナの患者が多かった時期は家族全員が自宅にこもっていた。それが1年以上も続いたという。

そこで、平松は部員とともにある施策を考えた。

「ソムリエに話をして、オンライン版のテイスティング講座も開きました。うちの営業員がシャンパン、白、赤からデザートワインまで小さな瓶に詰めたものを運んでいくわけです。前菜やつまみも持っていきました。ワインのテイスティング講座は好評でした。そして、コロナ禍が終わったら、講座に参加していたお客さま方が実店舗へ行くわけです。これもまた飲食店オーナーにも喜んでいただけるイベントでした」

コロナ禍が一服してからはゴルフ大会を開催した。シンガポール、マレーシア、タイと3回、実施している。今後は香港などエリアを拡大する予定だ。

WCSが業績を上げたのはなぜか

WCSがコロナ禍も乗り切って業績を上げているのには、いくつかの理由が考えられる。

平松は「第一はチームワーク」とした。

「チームワーク。小さなチームワークと大きなチームワークのふたつです。

小さなチームワークは営業員同士のキャラクターと編成でしょう。国内営業のトップだけでなく酒井や遠藤のようなスペシャリストも入りました。チーム編成がいいんです。全員がいろいろな引き出しを持っている。また、営業だけでなくサポートファンクションとしてアシスタントの数も増やしました。営業にはとにかくお客さまと会う時間を増やしてもらうためです。

チームワークは社内だけではありません。社外のリソースも大きい。弁護士事務所、不動産サービスの会社、いずれもすでに10年近くの関係です。弁護士事務所は3社、不動産関係は2社、学校についての教育コンサルタントは2社。そういうプロフェッショナルも含めて、私たちはチームなんです。お互いが同じ立場のチーム。弁護士事務所も不動産も教育もお客さまを紹介してくれますし、私たちも紹介します。信頼するチームになっているのです」

そして、わたし自身が気づいた業績アップの要因がふたつある。

ひとつめは理念の実現を最優先にしたこと。数字目標ではなく、「おもてなしスピリット」という理念を彼らは追求している。コロナ禍でも顧客の妻のことを考えて料理を持参したり、長い自粛期間を乗り切った顧客のためにささやかな規模のゴルフコンペを開催した。顧客を喜ばせることだけを考えている。

ふたつめは自分たちで工夫して生産性を上げていること。持てる時間のすべてを顧客のために使っている。週1回の朝の会議は行っているが、長時間の営業会議はやっていない。本人が達成できないような目標を合議で決めても実現はしない。活動、目標は各自が決める。仕事をやるのも時間を捻出するのも本人だ。

コバやんは言った

WCSは2012年以降、顧客と扱い資産を増やしてきた。預かり資産は1兆円まで成長した。閉鎖する寸前までいった部署が復活を遂げ、勝つことを覚えた組織となった。

金融商品の販売を専一に考えたのではなく、顧客の困りごとを解決する組織、おもてなしという理念を実現する組織に変わったからこそ業績を上げることができた。数字を追っても業績は上がらないのである。

理念の実現を追求する組織になることはできた。だが、課題がなくなったわけではない。なんといってもシンガポールに来た移住者だけを相手にするならば成長の余地は限られてしまう。同じことをやるライバル社が出てこないのも、限られたマーケットだからだ。日本人移住者は増えつつあるとはいえ、それでも毎年、シンガポールへ移住する人が倍々で増えていくわけではない。

今後、WCSがやらなくてはならないのはどういうことなのか。

東京本社でプライベートバンキングとWCSを担当する常務、小林雄道《たけみち》はこれまでの実績をふまえながら、ひとつのことだけをやってほしいと考えている。

「僕が担当になったのは2016年からで、その時はもうある程度、形はできていました。人数は今より少なかったけれど、現場の彼らは日本流のおもてなしで結果を出していました。思うに、日本流のおもてなしというコンセプトがよかった。

これまでグローバルビジネスでは日本流ってあまり評価されてこなかったと思うんです。『日本の常識は世界の非常識』なんて言われ方をしていましたから。

ところが、日本流をやってみたら、海外にいる日本人、日本が好きな外国の方、いずれもおもてなしに好感を持ったわけです。結果として、それがよかったのです」

小林は続けた。

「ただし、わきまえておかなければならないことがあります。成功したのは偶然の要素が大きかった。僕らは最初から日本流のおもてなしが海外で通用すると確信していたわけではありません。最初から見通したなんて思ってはいけない。あくまで偶然でした。

僕らも現場のみんなも凡人です。その場その場でお客さまのためになることを思いついて実践しただけです。凡人が普通のことをやった。でも、ドラッカーが言っています。『凡人が非凡な働きをできる組織を目指せ』と。偶然、そういう組織ができたんです」

さて、気がついたことがある。シンガポールの部下たちと話していたら、誰ひとり小林のことを「常務」とは呼ばない。

みんな「コバやん」と呼んだ。

なぜなのだろう?

「それは僕から言い出したことです。ある日、ホンダでエアバッグの開発をしていた小林三郎さんの講演を聞いていて、なるほどと思ったから。

小林三郎さんはこんな話をしていました。

『肩書で呼ばれる管理職は三流だ。小林部長なんて呼ばれているうちはダメなんだ。二流は部下から、小林さんと苗字で呼ばれる。それもダメ。一流になると三郎さんと下の名前で呼ばれるようになる。だが、それで満足していてはいけない。超一流の管理職は部下からニックネームで呼ばれる』

講演の後、オフィスに戻って、すぐにミーティングをやりました。僕はみんなの前で『これからコバやんと呼んでくれ』と。シンガポールの連中にもウェブミーティングで同じことを言いました」

小林が率先して始めたところ、直属の部下の大林部長がやはり同じ内容のことを宣言した。

「いいか、みんな、オレのことはこれから『バヤシ』と呼んでくれ」

バヤシが始めたら、次長も課長もやはり「ニックネームで呼んでくれ」と言い出した。すると、不思議なことに職場全体が穏やかになり、風通しがよくなったというのである。

では、小林はWCSで働くみんなに今後、何を期待しているのだろうか。

「具体的なことは平松や山本が考えていると思います。僕の役目は彼らがやりやすいようにサポートすることだけ。僕は彼らを営業パーソンというよりも、サービスパーソンとして見ています。たとえば、お客さまが引っ越してこられて、家に手伝いに行ったら、パソコンが接続されていなかった。すると、彼らは言われなくとも『接続しましょうか？』と申し出るんです。

この場合、『言われなくともやる、サービスを買って出ること』が重要なんです。それこそがサービスなんです。パソコンの接続であれば彼らよりも上手なプロがシンガポールにもいるはずです。しかし、彼らは不便を感じているお客さまを見てしまったら、やらざるを得ない。その気持ちを大切にしてほしい。

そういう人になってほしい。なんというか、つまり、愛される人になれということ。愛される営業員でなく、愛される人になってほしい」

そう、コバやんは言った。

Epilogue

エピローグ

「生き生きしてるんだ、やつらは」

東京本社で

大和証券東京本社は東京駅の八重洲口にある。改札を出てから本社役員応接室に行くまで、5分だ。これほど便利なところにある本社は他に知らない。

岡裕則は海外担当副社長だから、本社にいることは1年のうち、1か月もない。腰の軽い人だから、役員応接室で話をした後、「エレベーターまで送るよ」と先に立って歩くのだが、廊下に出たとたんに、「あれ、どっちだっけ」と考え込む。広いフロアのなかに同じデザインの扉がいくつも並んでいる。宮殿に迷い込んだようなものだから、無理はない。まして、岡は日本にいる期間が短いから本社の内部に詳しいわけではない。

「悪い」とつぶやいて、部屋に戻り秘書に電話して迎えに来てもらう。インタビューをした2度とも、彼は自分ひとりでエレベーターに行きつくことはできなかった。すご腕のビジネスパーソンだ。だが、岡は東京本社に来ると、毎度、エレベーターを探す。

ＷＣＳの業績向上について岡が指摘したのは「みんなが生き生きしていること」。

「彼らはこれまでうちから海外に出た連中とは少しプロフィールが違うんだ。これまで海外に出していたのはまず英語ができる人。それから金融知識を持っている人。営業経験があるなしではなく、英語力と金融知識のある人間が海外要員だった。だが、ＷＣＳへ出したのは営業力がある人。むろん、英語も勉強していったし、金融知識もある。だが、何よりも営業経験だった。それはお客さまは日本人だから。

それまで国内支店で年に10億の成績を上げていたのが、シンガポールでは富裕層が相手だから１００億の仕事にもなる。営業の連中は元々、やる気がある。そんな連中に大きな舞台を用意したものだから、さらにやる気を出したんだ。

国内の舞台で歌っていたシンガーがカーネギーホールへ行ったようなもので、みんな大舞台で仕事をする喜びを味わっている」

確かに大和証券シンガポールＷＣＳの営業員はやる気に満ちている。誰もがテレコールをし、顧客に呼ばれたら飛んでいく。24時間、顧客のことを考えて仕事をしている。しかも、上からの管理ではない。それぞれが自分で目標を決めている。

岡は「要はお客さま重視です」と言った。

「私自身、仕事はお客さまから教わった。とにかく逃げないことだと教わった。金融の商売をしていたら、投資してもらった株が下がることはある。その時、逃げるか逃げないかが分かれ目だ。お客さまは営業員を見ている。損をさせた後、電話をかけないで逃げてしまったら、もうおしまいなんだ。

まず、怒られに行く。さんざん怒られる。すると、お客さまは『ちょっと叱り過ぎたな』と反省して、それでまた仕事をくれる。この繰り返しなんです。今でもいい関係を続けているお客さまって、真剣に怒ってくれた人です。シンガポールの営業の連中も言葉には出さないから知れないが、さんざん怒られているはずですよ。でも、狭い国だから逃げようがない。連中には叱ってくれるお客さまがいる。みんな幸せだ。だから、仕事にエンゲージしている」

海外で働くことは日本を注視すること

「僕は中学校の英語の成績が5段階で2の評価だった。英語が苦手だった。だが、2ではさすがにまずいと思って高校で勉強して、大学では国際交流のクラブに入りました。そこで活動しているうちに縁が広がって大和証券に入社できた。すると、それからずっと海外勤務ですよ。

日本にいたのは数年しかなくて……。いまだに英語はうまいわけじゃない。けれど、『岡は面白い奴だ』と言われる。金融界の偉い人が集まる国際会議で、『日本のウォッシュレットのトイレの構造はこうだ』なんて話をするから、みんな、『岡を呼べ』ってことになるらしいんです。海外勤務で英語は必須です。でも、海外で仕事をする時、会話していて相手の感情を揺らす話題を提供できるかどうかなんです。喜怒哀楽、何でもいい。泣かせるような話をしてもいいし、笑わせてもいい。怒らせるのも時にはいい。どうであれ感情を揺るがすような話をしないと、相手の印象に残らない。僕はそれだけを考えて海外で仕事をしてきました」

岡は長い海外生活の間、同僚、後輩が働く姿を見てきた。海外で適応できなかった人間にはひとつの特徴があることがわかったと言う。

「日本では電車は時間通りに運行する。水道や電気の修理でも約束したら、ちゃんとその時間に来る。宅配便だって指定した時間に届く。自動販売機ではお札や硬貨が使えるし、QR決済もできる。クレジットカードだって使える。いろいろな用途に合わせて自動販売機を開発しているんですよ。でも、海外へ行ったら、どんな国でもそんなことはない。欧米の先進国でもそこまでしない。日本はね、なんでもかんでもオーバースペック。便利過ぎる。

そういう便利過ぎる国で暮らしているから、海外に出ると怒る人がいます。

『電車が時間通りに来ない』

『約束したのにトイレの修理にやってこない』

『自動販売機はQR決済しかない』

『不便だし、みんな働かない……』

日本での生活の仕方が通用しないとカッカする……。

そういう人はたいてい、ストレスでつぶれちゃいます。自分で自分のメンタルをコントロールすることができない。

僕はアドバイスするんですよ。

『怒るんじゃなくて、日本との違いを楽しんだ方がいいよ』

時間通りに来ないのはそれだけの理由があると納得すること。電車を待っている時間にスマホでYouTubeでも眺めていればいいんですよ。それと日本人は『自分は一生懸命働いている』と上司や同僚にアピールするけれど、外国人はほぼそういうことはしません。そもそも働くよりも遊ぶ方が好きと公言しているから。そして、何も間違ったことじゃないんです。人生って仕事だけじゃないんだから、外国人が言うことは正論なんです。僕らはその国へ行ったら、その国に合わせればいい。

『なるほど、この国では地下鉄は時間通りには来ない。面白い。考えてみれば地下鉄の本質は時間厳守より安全だ。事故がなくて安全に運んでもらえたらそれでいいんだ』

そう思って楽しむ。イライラしても地下鉄が早くやってくるわけじゃない。

海外で仕事をし、暮らしていると、日本と日本人はオーバースペックだと感じます。決定に時間をかける、会議前に膨大な書類を作る、そのうえ根回しする、小さなことでもいくつものプランを用意する、ダメな場合はこうしようとそればかり考えて慎重になる……。

仕事ができる人って、もっと単純化してますよ。海外に来たら、一生懸命働いているフリをするのをやめて、その国を楽しむ。そして、怒ってくれる人に出会うこと。真剣に怒ってくれる外国人に出会うといいです。他人のことを考えて、真剣に怒ってくれた人との出会いって、忘れられないですよ」

岡の話を聞いていて、シンガポールのケルビンのことを思い出した。

「日本人は考えたり、事前に打ち合わせなどしなくとも、その場で協調して動くことができる。だから、指揮者がいなくてもオーケストラの演奏ができる」

大和証券の営業員がやっているおもてなしはその場でふと生まれるものだ。オーバースペックではない。おもてなしは練り上げたり、こね回して行うことではない。目の前の人が困っていることを解決してあげることだ。とっさのひとことであり、とっさの行動だ。彼らは自然のうちにチームでそれをやっている。

本当のサービスはマニュアルに書いてあることではない。人と人の間、人と人の心の間にふと湧いて出てくるものだ。

取材に協力していただいた方々

ありがとうございました。
みなさんのおかげです。お世話になりました。

有田謙吾　遠藤亮　大出真之　岡裕則　小林雄道　酒井祐輝　土橋健太郎　平崎晃史
平松勉　箕田一勇也　森本博仁　森本南海子　山本幸司　山本文恵　吉岡敬之

WCSに在籍していた方々

下村直人　柳沢志向　町田敬司　水野項介　加藤裕朗　樋口淳一　山本大祐　吉岡駿

（いずれも敬称略）

著者プロフィール

野地 秩嘉（のじ つねよし）

1957年東京都生まれ。早稲田大学商学部卒業後、出版社勤務を経てノンフィクション作家に。人物ルポルタージュを始め、ビジネス、食や美術、海外文化などの分野で活躍中。『TOKYOオリンピック物語』でミズノスポーツライター賞優秀賞受賞。『キャンティ物語』『サービスの達人たち』『高倉健インタヴューズ』『トヨタ物語』『ユーザーファースト 穐田誉輝とくふうカンパニー』『伊藤忠 財閥系を超えた最強商人』『図解 トヨタがやらない仕事、やる仕事』『名門再生 太平洋クラブ物語』ほか著書多数。

海を渡った7人の侍

大和証券シンガポールの奇跡

2024年 4月15日 第1刷発行

著　者　野地 秩嘉
発行者　鈴木 勝彦
発行所　株式会社 プレジデント社
〒102-8641 東京都千代田区平河町2-16-1
平河町森タワー13階
https://www.president.co.jp/
［電話］編集（03）3237-3732 販売（03）3237-3731
編　集　桂木栄一 遠藤由次郎（Penonome LLC）
撮　影　永見亜弓
デザイン　竹内雄二
制　作　関 結香
販　売　桂木栄一 高橋 徹 川井田美景
森田 巌 末吉秀樹
印刷・製本 中央精版印刷株式会社

ISBN978-4-8334-2528-5
Printed in Japan